histoires de la
Naissance
à travers le monde

51, rue de Turenne, Paris 3e
ISBN : 2 908034 19 0
ISBN : 2 7021 1927 1

Jacques Barbaut

histoires de la *Naissance* *à travers le monde*

ÉDITIONS PLUME
CALMANN-LÉVY

Jacques Barbaut a 30 ans. Écrivain, il est l'auteur de *Sans Titre* (éditions Sillages, 1987) et de *Entrez chez les Fictifs* (éditions Plume, à paraître).

« …et j'ai été accoucheur, je peux dire passionné par les difficultés de passages, visions aux détroits, ces instants si rares, où la nature se laisse observer en action, si subtile, comment elle hésite, et se décide… au moment de la vie, si j'ose dire… tout notre théâtre et nos belles-lettres sont au coït et autour… fastidieux ressassages!… l'orgasme est peu intéressant, tout le battage des géants de plume et de cinéma, les millions de publicité ont jamais pu mettre en valeur que deux trois petites secousses de croupions… le sperme fait son travail bien trop en douce, bien trop intime, tout nous échappe… l'accouchement, voilà qui vaut la peine d'être vu!… épié!… au milli!… »

Louis-Ferdinand Céline
Rigodon

À Adrien

Photos de couverture
Naboro, estampe d'Utamaro, peintre japonais (1753 - 1806).

Au dos :
En haut : *L'accouplement*, Paul Gauguin, *Noa-Noa*.
Au milieu : *Femme aux grossesses multiples*. Planche gravée, XVIe siècle.
En bas : *Le mari, la sage-femme et le médecin se retrouvent autour de l'accouchée*. Gravure d'Abraham Bosse (1602 - 1676).

p. 10
Scène érotique. Inde, Rajahstan, École de Bundi. Fin XVIIIe siècle.

p. 74
Étapes de la grossesse. Estampe japonaise, 1881.

p. 134
Naissance de la Vierge. Maître du rétable de Pfullen. Dorfer, vers 1500.

Sommaire

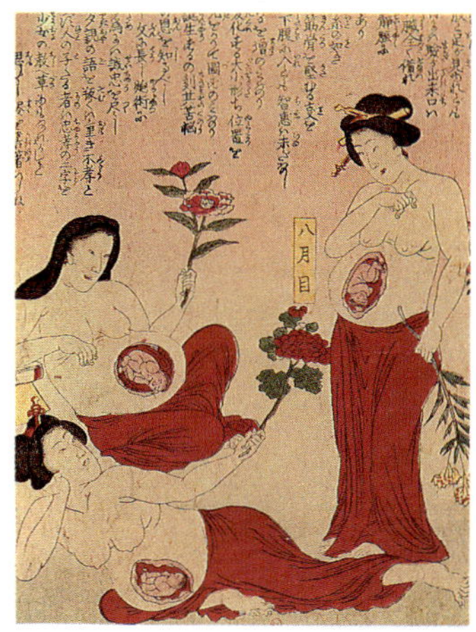

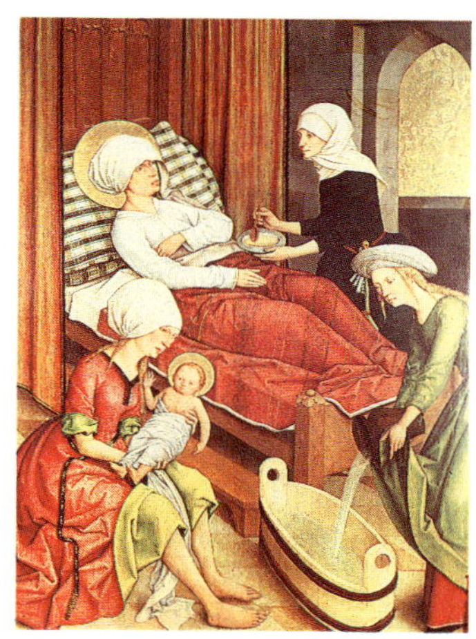

Engendrer

— Ah ! monsieur le savant, ne pourriez-vous point me dire comment les enfants se font ?

— Non, mon ami ; mais, si vous voulez, je vous dirai ce que les philosophes ont imaginé, c'est-à-dire comment les enfants ne se font point.

Voltaire
L'Homme aux quarante écus

La scène originaire

IL faut s'y résoudre — ou s'en réjouir, c'est selon —, et ce jusqu'aux récents progrès de la médecine et de la biologie — insémination artificielle, bébé-éprouvette, fécondation *in vitro*, tout ce que l'on range désormais sous les termes un peu effrayants de PMA (procréation médicalement assistée), de procréatique ou de periconceptologie — : à l'origine de la conception de tout être humain préexiste l'acte sexuel; chaque homme et chaque femme provient *e coitu penis et cunni*, ce que l'on traduira sans difficulté.

S'il semble bien que, pour tous les peuples et depuis les temps les plus anciens, la corrélation entre l'accouplement et la naissance, future et hypothétique, ait été — obscurément, *intuitivement* — comprise ou pressentie, il n'en demeure pas moins vrai qu'il faut attendre la fin du XIXe siècle pour que l'ensemble des mécanismes génétiques, biologiques et anatomiques qui président à chaque fécondation commence à être élucidé.

Confrontés à cette nécessité de la conjonction des principes mâle et femelle, à la reconnaissance de l'acte vénérien pour assurer la génération, les théologiens et les Pères de l'Église, très vite, s'emparent du sujet, partagés qu'ils sont entre l'injonction divine à peupler et à dominer le monde « Soyez féconds, multipliez, emplissez la terre et soumettez-la » (*Genèse*, I, 28) et la pensée qui assimile le rapport sexuel au péché originel marquant d'une tache toute naissance, chaque nouveau-né; entre l'idéalisation de la virginité, depuis les origines de l'Église, et l'idée d'impureté, d'animalité, d'impudicité, de souillure, qui est liée au plaisir ainsi qu'au temps de la gestation. Le ventre de la femme, ou son vagin, n'a-t-il pas un rapport analogique avec l'antre des puissances démoniaques?

Les théologiens, les moralistes et les confesseurs, tout imprégnés de casuistique, relayés par les docteurs, les physiologues, les savants et autres philosophes, s'empressent de fixer des normes, de régenter, de réglementer : on discute de la bonne dimension et de la forme idéale que doit avoir la verge; on s'interroge sur la fréquence admissible des rapports sexuels et l'on conseille le plus souvent la tempérance ou la continence; on disserte sur les différentes positions de l'amour et leurs conséquences pour la santé des époux et des enfants à naître, on débat de la saison la plus propice à l'acte d'amour, du moment de la journée, s'il faut avoir la panse pleine ou si, au contraire, il vaut mieux attendre d'avoir entièrement digéré, plutôt la nuit ou plutôt le jour, dans l'obscurité ou en pleine lumière; on condamne les attouchements manuels, la masturbation réciproque, les positions «vicieuses», les désirs effrénés, le plaisir trop fortement ressenti; on interdit tout rapport sexuel pendant les règles — cela provoquerait la naissance d'enfants lépreux ou roux —, ce que prescrivait déjà l'Ancien Testament, et naturellement on menace et prévient les couples, particulièrement les femmes, que tout manquement aux règles édictées risque d'entraîner la stérilité, un avortement spontané ou la naissance d'enfants contrefaits, chétifs, malingres, débiles, difformes, boiteux, goitreux, cornus, bossus, mutilés, estropiés, bref frappés et atteints de toutes les maladies et affections du corps et de l'esprit.

Faune et faunesse accouplés, bronze, Italie, XVIe siècle.

L'Église, représentant la religion, encourage le mariage et le contrôle par l'institution cérémonielle afin de perpétuer l'espèce — il s'agit d'assurer la descendance : c'est la pensée de saint Augustin, c'est aussi celle de saint Thomas d'Aquin qui, dans sa *Somme théologique,* précise que les organes sexuels ont été donnés à l'homme par Dieu non pour le plaisir mais pour la conservation de la race —, mais aussi de peupler la Cité de Dieu d'élus, et de hâter ainsi l'heure du Jugement dernier. Le premier but assigné au

Scène érotique, fresque, maison du Centenaire, Pompéi.

mariage est la naissance des enfants, c'est aussi sa seule justification : frigidité et impuissance ont ainsi constitué, de tout temps, des clauses d'annulation.

Pour l'Église et la société, il s'agit aussi de domestiquer les instincts sexuels, source toujours possible de désordre, et de canaliser leur libre circulation; il faut mettre un frein, rétablir un semblant d'ordre à la prolifération dangereuse, aux connexions polymorphes, multiples, des plaisirs et des désirs.

La rencontre des semences

POUR expliquer le phénomène de la fécondation, les théories professées par l'école d'Hippocrate (médecin grec né vers 460 avant J.-C.) et exprimées dans le livre *De la génération* — reprises en grande partie par Galien (médecin grec né vers 130 après J.-C.) dans *De l'utilité des parties du corps* — serviront de référence privilégiée, voire de dogme, à la majorité des médecins, pétrifiés dans la « stupide vénération des Anciens », et ce jusqu'à la fin du XVIIIe siècle !

Buffon (1707 - 1788) : « Presque tous les philosophes scolastiques, en adoptant la philosophie d'Aristote, ont aussi reçu son système sur la génération; presque tous les médecins ont suivi le sentiment d'Hippocrate, et il s'est passé dix-sept ou dix-huit siècles sans qu'il ait rien paru de nouveau sur ce sujet. »

Pour Hippocrate, la fécondation, la création de l'embryon résulte du « mélange des deux semences », masculine et féminine, éjaculées à l'intérieur de la matrice lors du coït.

Galien suppose l'émission de sperme chez la femme comme chez l'homme, mais la semence produite par les «testicules» de la femme (ainsi nommait-on les ovaires), moins parfaite, moins «subtile» parce que plus froide, ne sert qu'à nourrir la semence de l'homme.

Mais comment et où était élaborée la semence masculine? La première théorie grecque, reprise par les pythagoriciens et par Platon, affirme que le siège de la spermatogénèse se trouve dans le cerveau, le sperme tombant ensuite par le canal de la moelle épinière dans les testicules, qui sont considérés comme de simples réservoirs (les «sacs», ou les «bourses»).

Pour Diogène Laërce, la semence est « une goutte du cerveau ». Galien note un rapport étroit entre les artères céphaliques et la production de la «semence»; c'est pourquoi les rameaux auriculaires de l'artère temporale sont appelés « canaux spermatiques ».

Pour Anaxagore et Démocrite, la semence est fabriquée par toutes les parties du corps sans exception et en constitue la

« Monsieur, notre fille a une grosseur, nous ne savons pas ce que c'est et cela nous inquiète beaucoup, ne serait-ce pas une ophtalmie ? », lithographie de Bourdet.

quintessence — ce qui pouvait expliquer l'hérédité de certaines infirmités et maladies. C'est l'opinion que défend toujours, en 1536, Nicolas Massa, professeur à Venise : toutes les parties du corps humain contribuent à la « fabrication de la semence » en élaborant chacune une «liqueur» particulière; toutes les liqueurs se regroupent ensuite dans les testicules, mais sans se mélanger; l'ensemble constitue la semence, et, une fois «lâchées» dans la matrice de la femme, les différentes liqueurs constitutives se dispersent à nouveau pour assurer le développement des organes respectifs dont elles proviennent.

Sauf pour Aristote, qui pense que le fœtus résulte du mélange de la semence de l'homme et du sang menstruel de la femme, le sperme étant, dit-il, un « résidu de la digestion arrivé à son dernier degré

Scène érotique.
Suzuki Harunobu
(1724 - 1770).

d'élaboration », et pour quelques dissidents phallocrates, qui soutiennent que la liqueur féminine ne joue aucun rôle dans le phénomène de la fécondation — la femme n'offrant pour ainsi dire que son utérus, qui est un simple écrin anatomique, un «réceptacle», ou encore un «vase» nécessaire au développement embryonnaire —, l'existence et l'émission du «sperme» féminin, sa contribution à la fécondation sont des notions très généralement admises et défendues jusqu'au XVIIIe siècle. Descartes, notamment, était l'un des ardents défenseurs de la semence féminine : « [La semence] estant fort fluide, et produite ordinairement par la conjonction des deux sexes, semble n'estre qu'un mélange confus de deux liqueurs, qui servant de levain l'une à l'autre, se rechaufent en sorte que quelques-unes de leurs particules, acquerans la mesme agitation qu'a le feu, se dilatent, et pressent les autres, et par ce moyen les disposent peu à peu en la façon qui est requise pour former les membres.

» Et ces deux liqueurs n'ont point besoin pour cela d'être fort diverses. Car, comme on voit que la vieille paste peut faire enfler la nouvelle, et que l'écume que jette la bierre suffit pour servir de levain à d'autre bierre : ainsi il est aisé à croire que les semences des deux sexes, se mélant ensemble, servent de levain l'une à l'autre. »

L'étincelle divine

VNE fois admis que la génération d'un nouvel enfant provient du mélange des semences, de leur « correcte mixtion », comment envisager l'évolution du phénomène, comprendre les mécanismes et les processus engagés pour la formation d'un nouvel être ? Ici, il faut bien reconnaître que les approximations, les formules sibyllines, ou le pur et simple constat d'ignorance règnent en maîtres.

Harvey (médecin anglais du XVIIe siècle), premier anatomiste à avoir décrit la circulation du sang, écrit : « Comme l'étincelle qui jaillit du caillou, ou l'éclair qui sillonne les nues enflamment tout à coup les corps, de même la fécondation est l'œuvre d'un instant et une sorte de contagion qui s'imprègne dans le corps féminin sous l'effet de la semence. »

On imagine que les deux semences, une fois mêlées dans la matrice, s'épaississent en s'échauffant. La chair du fœtus s'organise progressivement en attirant à elle le sang menstruel de la mère. On parle d'une « vertu formative », d'un « pouvoir plastique générateur » — le fœtus étant, en quelque sorte, une «idée» de la matrice —, de l'attraction mutuelle des molécules séminales auxquelles on suppose des propriétés psychiques; on évoque bien entendu le « souffle divin », le *pneuma*, prétendant que la cause véritable de la génération réside « en une force plus noble et plus élevée que l'homme » et n'est plus du ressort de l'intelligence humaine.

N'y aurait-il pas d'ailleurs quelque orgueil coupable, une vanité condamnable, à vouloir se mesurer au mystère de la création divine pour tenter d'en percer les secrets ? Les arcanes de la génération ne sont-ils pas de ceux que l'homme ne parviendra jamais à découvrir ?

Maintenant pour la tierce partie de ce trai
tie convient declairer comment une chascu
ne personne pour trouver matiere de soy
humilier doit souvent penser et mectre
devant les yeulx de sa contemplation .iiij.
choses principallement. C'est assavoir
les choses de dedens nous. Celles de dehors nous. les choses
de dessoubz nous. Et celles de dessus nous. Vrayement ceste
meditation ne peult trop souvent estre veue leue ne ramenee
a memoire pour le salut de nos ames acquerir. Auquel salut
acquerir doit tendre et contendre de tout son pouoir toute hu
maine creature. Et doit en ce constituer la fin de toutes ses
opperations. A ce propoz dist nostre seigneur ihesus en leu
vangile que prouffitte a lomme quant il aura gaignie tout le
monde et que il seuffrera en apres le detriement de son ame.
C'est a entendre que il ne lui prouffitte. Ains que pis est ce
lui tourne a tourment et a paine pardurable s'il se abuse de

Enluminure du XVe siècle.

Le *Talmud*, pourtant, propose une esquisse d'embryologie, fondée sur l'analogie des couleurs : « Trois associés créent l'embryon, Dieu, le père et la mère. Le père donne le blanc (sperme) qui formera les os, les tendons, les ongles, la substance cérébrale et le blanc des yeux, la mère donne le rouge qui engendre la peau et la chair, les cheveux et le noir des yeux. Enfin Dieu donne la vie et l'âme, le teint du visage, la vue des yeux, l'ouïe et la parole, le mouvement des bras et des jambes, l'intelligence et la conscience. Lorsque l'homme meurt, Dieu lui reprend ce qu'il a apporté dans l'association. »

Ambroise Paré, le chirurgien de quatre rois de France, connaisseur en la matière, propose une description minutieuse, imagée, des préliminaires puis des prolongements d'un acte réussi; on lui reconnaît généralement le mérite de considérer que le plaisir peut, pour le moins, accompagner la nécessité morale de la procréation : « L'homme estant couché avec sa compagne et espouse, la doit mignarder, chatoüiller, caresser et esmouvoir, s'il trouvoit qu'elle fust dure à l'esperon : et le cultivateur n'entrera dans le champ de Nature humaine à l'estourdy, sans que premierement n'aye fait ses approches, qui se feront en la baisant, et luy parlant du jeu des Dames rabattues : aussi en maniant ses parties genitales et petits mamelons, à fin qu'elle soit aiguillonnée et titillée, tant qu'elle soit esprise des désirs du masle (qui est lors que sa matrice luy fretille) à fin qu'elle prenne volonté et appetit d'habiter et faire une petite creature de Dieu, et que les deux semences se puissent rencontrer ensemble : car aucunes femmes ne sont pas si promptes à ce jeu que les hommes. [...]

» Quand les deux semences seront jettées, l'homme ne doit promptement se desjoindre, afin que l'air n'entre en la matrice et n'altere les semences, et qu'elles se mixtionnent mieux l'une avec l'autre : et subit que l'homme sera descendu, la femme se doit tenir coy, et croiser et joindre les cuisses et jambes, les tenant doucement rehaussées, de peur que par le mouvement et situation declive de l'amarry, la semence ne s'escoule hors : pour lesquelles mesmes raisons il ne faut qu'elle ne parle, ne tousse, ny esternue : et qu'elle dorme promptement apres s'il luy est possible. »

Ouvrage encyclopédique faisant, à propos de chaque passage de la Bible, le point des connaissances scientifiques de l'époque : Physica Sacra *(Physique sacrée) ou Histoire naturelle de la Bible - J.-J. Scheuchzer, Amsterdam, 1732.*

Mais pourquoi Paré conseille-t-il à la femme de rester finalement parfaitement immobile, les jambes croisées légèrement relevées? Il faut savoir que, pour la théorie du mélange des semences, afin que la génération d'un être anatomiquement parfait soit réalisée idéalement, il est nécessaire, vital, que la quantité totale de l'éjaculat reste en la matrice. Si une goutte seulement s'en échappait, ce serait alors un enfant incomplet qui risquerait d'être conçu, auquel manquerait, par exemple, un œil, un bras ou la tête; au contraire, lorsqu'une fille naît avec deux têtes, un garçon avec trois bras, il y a eu, à l'origine, excès de semence!

Les animalculistes

LA découverte, en 1677, probablement par Leeuwenhoek, naturaliste hollandais, qui, le premier, les observe au microscope, des spermatozoïdes contenus à l'intérieur du sperme, entraîne aussitôt une littérature prolifique, où le délire et l'imagination enflammée des savants de tout poil le disputent à leur prétention de dire le vrai. L'engouement pour les vermisseaux, ces « fabuleux animaux », est immédiat; quiconque, dès lors, possédait un microscope se devait d'y coller un œil et de scruter la « liqueur virile » afin d'y apercevoir les merveilles insoupçonnées qu'elle recelait : chacun alors d'y aller de son observation et de transmettre sa description.

Les appellations et qualificatifs ne manqueront pas, on parle de « petits poissons frétillants », de «têtards», d'«animalcules», de « vers spermatiques », de « bestioles infimes », de «vermicules», de « corpuscules filamenteux », de «spermatozoaires», d'« êtres en miniature », d'«infusoires», de « parasites commensaux », de « cerveaux minuscules pourvus d'une longue queue », etc.

On s'extasie sur leur multitude innombrable tout en étant choqué par ce « prodigieux et fantastique gaspillage de la nature »; on s'étonne de leur vivacité, de leurs mouvements rapides, désordonnés, perpétuels, pour tout dire browniens; on se demande comment un ver peut se transformer en homme; on s'interroge pour savoir si, oui ou non, chaque animalcule possède une âme propre — Leibniz répond affirmativement, mais il s'agirait seulement d'une âme « en puissance », à l'état latent —; on leur suppose en même temps une sorte d'instinct ou de volonté les poussant à agir vers un but déterminé. On imagine une bataille féroce engagée entre les milliers d'animalcules-soldats, on évoque des « luttes homériques » et des « combats de gladiateurs »; on affirme que le plus fort ou le vainqueur remporte le droit d'aller féconder l'œuf qui se trouve à

Antonie Van Leeuwenhoek, portrait paru dans son livre Arcana Manrae, *1722.*

l'intérieur de l'ovaire; on précise enfin que, si l'animalcule victorieux n'est pas sorti indemne du combat, il y a tout à craindre pour que se développe un fœtus borgne, mutilé ou estropié, un petit monstre.

Mais la palme de l'imagination, assurément, revient à Hartsoecker, qui, en 1694, dans son *Essai de dioptrique*, présente un dessin tiré de son observation : c'est *l'homonculus*, un petit homme accroupi, tout entier formé, les membres repliés — comme en position fœtale? —, au crâne démesuré sur lequel il n'a pas oublié de faire figurer la classique fontanelle bregmatique! Générale, ensuite, sera la croyance en la préformation de l'embryon tout entier à l'intérieur du spermatozoïde.

Opposés aux «animalculistes», les «ovistes», qui soutenaient l'une des autres grandes idées du XVIIe siècle, pensaient que le fœtus est préformé dans l'œuf (contenu à l'intérieur du corps féminin), et que la fécondation ne fait que le tirer de son état de torpeur.
Eve aurait porté en son sein toutes les générations emboîtées, gigognes, en réalité les germes de la race humaine tout entière (dans la fille miniaturisée se trouve déjà la petite-fille et, dedans, l'arrière-petite-fille, etc.), et donc l'ensemble de la postérité jusqu'à l'extinction de la race.

Leeuwenhoek, quant à lui, en rajoute lorsqu'il affirme avoir pu distinguer des « animalcules spermatiques mâles » et des « animalcules spermatiques femelles »! (Nous ne sommes plus très loin, ici, de la représentation burlesque proposée par le film *Tout ce que vous avez toujours voulu savoir sur le sexe sans avoir jamais osé le demander*, où un Woody Allen à lunettes, déguisé

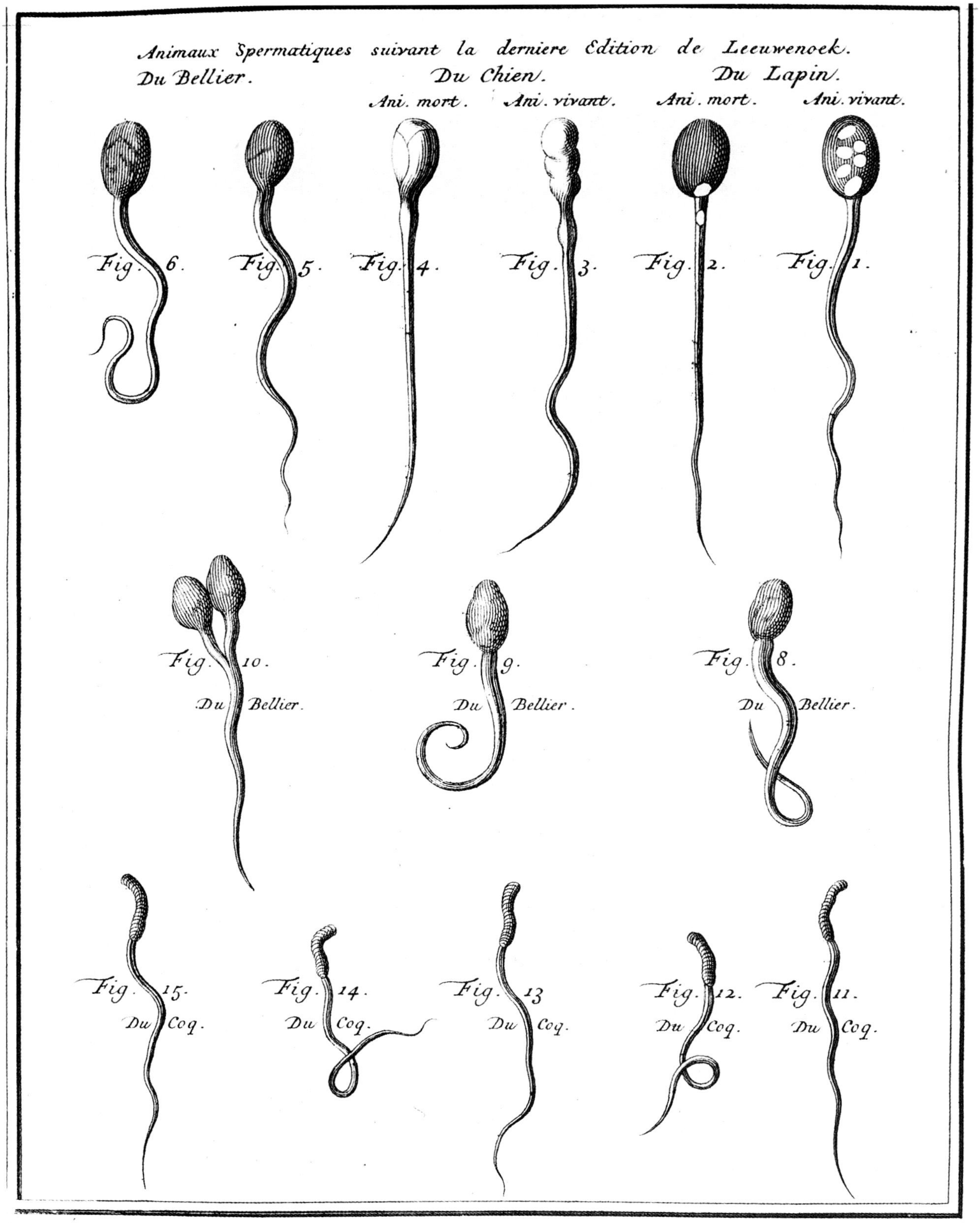

*Les spermatozoïdes, gravure parue dans l'*Histoire naturelle *de Buffon, 1750.*

en spermatozoïde et affligé d'un flagelle, part, en même temps que de nombreux congénères, à l'assaut de l'ovule.)

Laurence Sterne, dans son admirable roman de 1759, *Vie et opinions de Tristram Shandy, gentilhomme*, dont l'un des objets principaux est de prendre à partie le ridicule de la science de son temps, force à peine la note lorsqu'il écrit : « Les plus minutieux des philosophes [...] nous ont incontestablement prouvé que l'HOMONCULUS a été créé par la même main, engendré par le même cours naturel et doué des mêmes facultés et pouvoirs de locomotion que nous; il a comme nous : peau, poil, graisse, chair, veines, artères, ligaments, nerfs, cartilages, os, moelle, cervelle, glandes, organes reproducteurs, humeurs et articulations; bref, son être est aussi actif et doit être dit aussi véridiquement notre prochain que le Lord Chancelier d'Angleterre. [...]

» Supposez, cher monsieur, qu'un accident le surprenne seul sur sa route, qu'il parvienne au port accablé par une terreur naturelle à un voyageur si jeune, sa force musculaire et sa vigueur virile réduites à un fil, ses propres esprits animaux plus froissés qu'on ne peut le dire; imaginez qu'un tel désordre nerveux fasse de lui la proie de tics ou de rêves et fantaisies mélancoliques poursuivis tout au long de neuf interminables mois! Je tremble à la pensée des fondements ainsi donnés à mille faiblesses du corps et de l'âme, faiblesses que nul médecin ou philosophe, si habile fût-il, ne pourra ensuite redresser. »

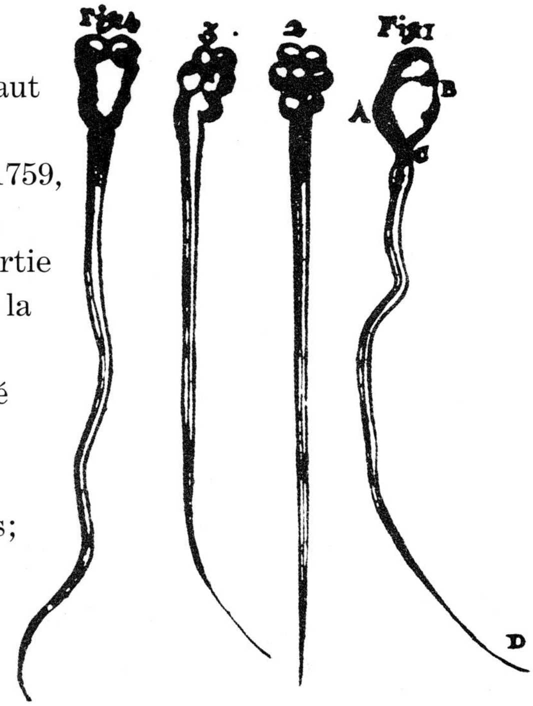

Dessin de spermatozoïdes dont Van Leeuwenhoek accompagna sa lettre du 18 mars 1678 à la Royal Society de Londres.

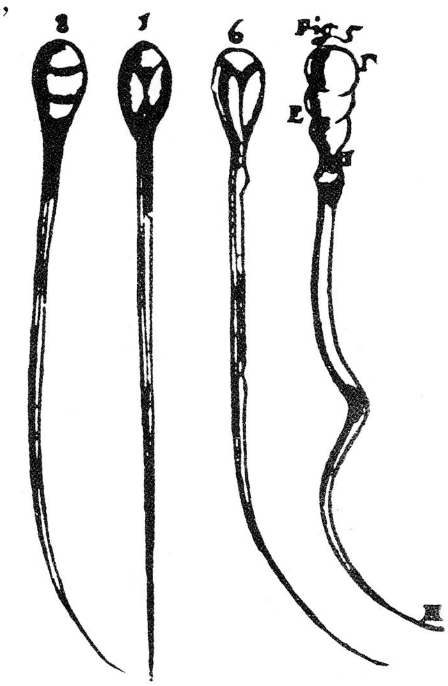

Les garçons à droite, les filles à gauche

L'HOMME, intrigué par l'énigme de la différenciation sexuelle — secret découvert à la naissance seulement —, acceptant mal de se reconnaître purement et simplement impuissant à obtenir un enfant du sexe désiré, a toujours cherché à influencer le hasard et à intervenir pour orienter le fameux coup de dés.

« A droite, dans le ventre fécond, les garçons; à gauche les filles. » Parménide d'Elée.

La prédilection marquée et quasi universelle, au cours des âges, pour la naissance de garçons entraînera une quantité d'explications à caractère déterministe, puis, logiquement, de techniques supposées infaillibles pour engendrer les sexes à sa convenance. Aux XVIIIe et XIXe siècles, des ouvrages dont le titre annonce *l'Art de faire des garçons*, ou *l'Art de procréer des garçons ou des filles à volonté* sont de francs succès de librairie, maintes fois réédités.

Les causes auxquelles les Anciens attribuaient la différence des sexes dérivent naturellement de leur théorie du *séminisme*, autrement dit du mélange des semences. Pour Parménide, il s'engage dans la matrice une lutte entre la semence mâle et la semence femelle, et celle des deux qui domine l'autre donne son sexe à l'enfant. Alcméon soutient que l'enfant a le sexe de celui de ses parents qui a fourni la plus grande quantité de semence, tandis que Démocrite affirme que le fœtus prend le sexe du géniteur dont la semence a occupé, la première, le « siège de la génération ».

Un fragment d'Empédocle rapporte : « La semence du mâle se répand dans le havre chaque mois purifié; la femelle naît du froid rencontré et du chaud naissent les mâles. »

Les écoles hippocratiques et galéniques enseignent que la semence émise par le testicule droit engendre les garçons et celle émise par le gauche, les filles. Héritant de ces autorités

Satyre et bacchante,
1834, James Pradier
(1792-1852).

incontestables, les médecins, pendant des siècles, reprennent la théorie de l'opposition droite/gauche et en font le facteur décisif pour le sexe de l'embryon : celui-là sera issu de tel ou tel côté du géniteur et nourri ou «couvé» dans telle ou telle partie de la matrice.

La valorisation et le privilège unanimement octroyés au côté droit — par opposition au côté «sinistre» — se fondent notamment sur une explication anatomique : grâce à leur plus grande proximité, à leur communication directe avec le foie et les multiples vaisseaux qui en viennent, la matrice droite (on pense généralement que l'utérus possède deux cavités distinctes) ou le testicule droit reçoivent beaucoup plus de chaleur que leurs homologues gauches et sont en conséquence nettement plus aptes à engendrer puis à nourrir les mâles. Cette discrimination s'appuie en outre sur des considérations physiologiques d'inspiration clairement misogyne car, si l'homme possède une constitution chaude et sèche, la complexion de la femme, en revanche, est froide et humide. Ne dit-on pas d'ailleurs que la femme est un serpent?

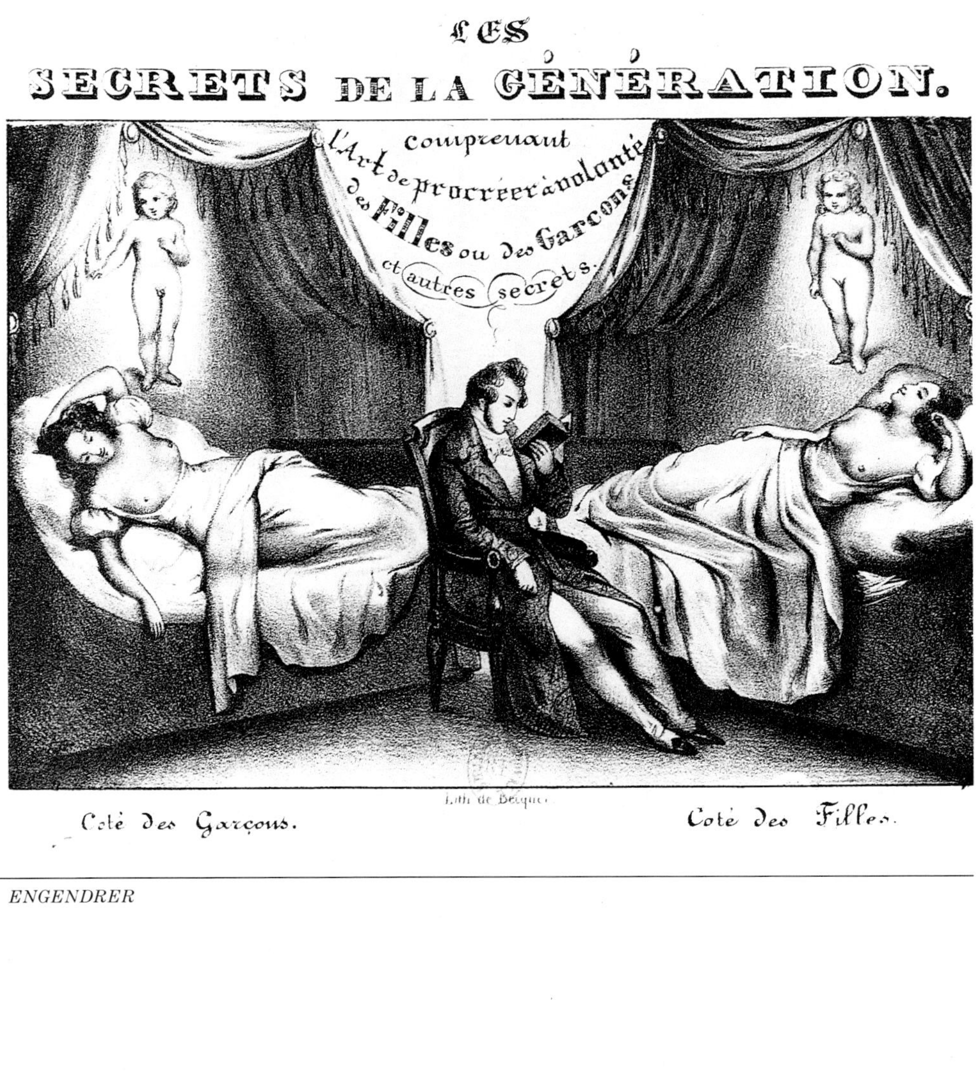

L'art de procréer à volonté fille ou garçon, *pochette publicitaire romantique, vers 1830-1840.*

Forts de leurs certitudes en matière de répartition anatomique binaire, les médecins conseillent aux hommes qui désirent des garçons de se lier le testicule gauche autant qu'ils pourront le supporter.

Il faut attendre 1561 pour trouver un texte présentant quelque raison (il ne sera malheureusement guère entendu), émanant d'observations élémentaires. Il est dû à Pierre Franco et à son *Traité des hernies*, publié à Lyon : « Quelques-uns ont voulu dire que, d'autant que le vaisseau spermatique senestre vient de la veine émulgente, que le sang est encore impur, excrémenteux et féreux, et qu'il est reçu au testicule gauche des mâles, et aussi du côté senestre de la matrice des femmes. Pour cette cause veulent prouver que au côté droit s'engendrent les mâles, et au côté senestre les femelles; ce qui est faux : car j'en sais très bien la vérité, en ayant pansé plusieurs du gauche, et avoir plusieurs fils et filles, et pareillement de l'autre côté. Il est bien vrai, quand on a ôté les deux testicules, n'y a plus espérance de génération : et aussi qu'ils perdent aucunement la force et courage. »

Scène d'accouplement sculptée dans un vase en terre cuite gris et beige, à anse en étrier, temple du Soleil, Trujillo - Moche, Pérou .

D'autres médecins, qui pensent que ce sont les ovaires qui possèdent ces propriétés, conseillent aux femmes qui veulent engendrer des mâles de s'allonger, pendant l'acte sexuel, sur le flanc droit pour y attirer la semence. La découverte du fameux animalcule bouleverse toutes les données : en effet, ce vermisseau n'a-t-il pas une tendance irrépressible, cette « volonté inouïe » de toujours vouloir s'élever? Dès lors, ne faut-il pas plutôt conseiller la position inverse pour atteindre le bon côté de la matrice?

Ceux qui reprennent absolument la théorie de la lutte des semences de Parménide prescrivent aux hommes, toujours dans le but d'obtenir des mâles, des régimes alimentaires revigorants et toniques, à base de viande rouge, afin de fortifier leur semence et de la rendre « robuste, bouillante, espoisse, écumeuse, glutineuse, globulente et fort gluante ». La femme au contraire suivra un régime «débilitant», composé de viande blanche, de laitages et de soupes claires. On recommande encore aux époux de manger régulièrement des testicules de bouc rôtis.

D'autres, s'inspirant des travaux d'Avicenne (célèbre médecin iranien du XIe siècle), se livrent à des calculs savants sur le cycle menstruel et déterminent les jours favorables, après la fin des règles, pour la conception des filles ou des garçons, leur attribuant des périodes spécifiques qui alternent. C'est une opinion répandue, reflétée par de nombreuses croyances populaires, que l'enfant conçu pendant la période de la nouvelle lune sera de sexe masculin, tandis que la femme qui s'accouple avec son mari lors du dernier quartier de lune accouchera d'une fille.

Pour le *Talmud,* si l'on souhaite un garçon, il faut attendre que la femme désire ardemment son époux; si l'on veut une fille, il faut au contraire que l'homme, violemment enflammé, prenne sa femme à l'improviste et l'aime pour ainsi dire contre sa volonté.

Pour d'autres, enfin — il faut mettre un terme à cette série de bizarreries —, l'amour irraisonné, passionnel, fréquent, donne avec certitude des filles, tandis que les relations apaisées, fort espacées, sages — qui fortifient l'organisme — engendrent les mâles.

Ambroise Paré reprend nombre de croyances héritées des Anciens et écrit : « L'enfant masle est plus excellent et parfait que la femelle, tesmoin l'autorité et preminence que Dieu luy a donné, le constituant sur la femme comme chef et seigneur. » Mais il n'en conclut pas moins assez prudemment : « [...] et me semble que les maris ne sont sages se courroucer contre leurs femmes et compagnes, pour avoir fait des filles : car il n'est pas en la puissance de l'homme ny de la femme d'engendrer un masle ny une femelle quand ils veulent. »

Les reproductions solitaires

NOUS écartant de ces systèmes génératifs qui, en dépit de tout, gardent un fondement ou un semblant de rationalisme, il nous faut aussi évoquer quelques hypothèses nettement plus fantaisistes, aberrantes même, qui ont hanté l'imaginaire populaire ou savant — nous retrouverons d'ailleurs certaines coïncidences ou analogies avec nombre de croyances et de mythes issus des sphères extra-européennes —, selon lesquelles la femme peut procréer sans « intervention directe » de l'homme.

Comme le veut l'usage, ce sont les Anciens qui donnent l'impulsion, et, cette fois, plutôt les littérateurs et les écrivains qui seront à l'origine de tous les fantasmes et erreurs ultérieurs; un récit tiré des *Géorgiques*, de Virgile, propose un moment

L'Air *: gravure de Charles Joseph Natoire (1700 - 1777).*

d'inspiration particulièrement poétique : « [Les juments] se dressent aux sommets des rochers, la bouche tournée vers le Zéphyr, et s'imprègnent de ces brises légères, et souvent, sans aucun accouplement, elles sont fécondées par le vent, ô merveille ! »

D'après Aristote et Pline, les poules étaient fécondées par le simple cri du coq; une perdrix, parce que le mâle était passé au-dessus d'elle ou parce qu'elle avait simplement respiré l'odeur qu'il exhalait.

Cet épisode est inlassablement repris et commenté au cours du Moyen Age et jusqu'au XVIIIe siècle; il est aussi particulièrement bien accueilli par le monde arabe — Avicenne le colporte —, qui fait traditionnellement de la femme une compagne et une complice de l'air, du souffle et des génies éoliens. Cette légende s'inscrit évidemment dans un mode de pensée, inspiré d'Héraclite, très largement répandu dans l'Antiquité : la *panspermie* (du grec : « composé de semences de toutes sortes »), théorie selon laquelle les germes des corps organisés et vivants sont présents, disséminés, dans toute la nature et l'univers — idée suscitée par une généralisation hâtive tirée de l'observation du mode de reproduction végétal, du transport aérien du pollen —, les éléments air et eau étant les véhicules privilégiés de ces germes de vie desséchés, capables à tout moment, après la rencontre avec un milieu ambiant favorable, de se «réveiller» par l'opération de la fécondation.

Le Moyen Age accrédite l'idée qu'une femme peut devenir enceinte même si l'acte sexuel n'est pas achevé, c'est-à-dire si l'émission masculine se produit «hors-vaissel»; l'illustre Averroës, philosophe et médecin arabe du XIIe siècle, cite l'exemple de plusieurs femmes engrossées malgré l'absence de rapport, et ajoute un argument définitif en rapportant le cas d'une de ses voisines, qui fut fécondée par l'eau du bain dans lequel un homme avait répandu sa semence.

Plus tard, on imagine ces molécules invisibles comme étant des fœtus microscopiques — ils sont issus, notamment, de la condensation puis de l'évaporation du sperme lâché à l'air libre, *extra matricem* — flottant au gré des caprices du vent. Danger, dès lors, pour toutes les femmes qui respirent : elles sont susceptibles d'être engrossées par simple inspiration pulmonaire ! On ira jusqu'à déconseiller aux femmes mariées qui désirent rester honnêtes de dormir la fenêtre ouverte, même, et surtout, s'il fait chaud, pendant l'absence de leur mari, les brises légères étant les agents propagateurs idéaux des particules fécondantes. Albert le Grand ne mentionnait-il pas le cas d'une femme qui tirait un plaisir extrême, tout particulier, de la simple caresse d'un souffle d'air?

En 1750, un pamphlet satirique, *Lucina sine concubitu*, publié sous le pseudonyme d'Abraham Johnson, se destine à railler la crédulité ou l'opportunisme des médecins qui soutiennent ces idées fantaisistes. Dans la préface de cet ouvrage, qui a pour sous-titre *Lettre dans laquelle on prouve, par une évidence incontestable, tirée de la raison et de la pratique, qu'une femme peut concevoir, sans avoir de commerce avec aucun homme*, on lit : « En vous éclairant sur une vérité physique, elle deviendra la consolation des maris, et des pères de famille. Que de ménages en désarroi, que d'époux en divorce veriont renaître parmi eux la concorde, la confiance et l'estime ! Que d'innocentes persécutées vont imposer silence aux brocards ! Une femme éloignée de son mari le fait jouïr des droits de la paternité : c'est le fruit de quelque promenade par terre ou par eau : cette femme a voulu prendre l'air, et les *Molécules organiques*, n'attendaient qu'un souffle, un petit rhumb de vent, pour se loger chés elle. Une veuve a des enfans, dont la calomnie nous nomme les pères : il ne faut pas les chercher si loin; elle a pris l'air, et les *Molécules* se sont glissés dans ce fluide. Une fille est mère avant l'hymen : c'est l'air encore qu'elle a respiré. »

Lucine : déesse romaine présidant aux accouchements difficiles.

Il faut bien comprendre que, pour l'homme, l'ouverture du corps de la femme, sa «béance», représente une énigme doublée d'une menace : aussi bien, l'air ou l'eau qui peuvent pénétrer leur corps, et ainsi s'insinuer jusqu'à l'utérus, sont des vecteurs toujours possibles de fécondation spontanée, de procréation solitaire. Certains thèmes fréquents dans le folklore viennent illustrer cette aptitude féminine à la captation, cette faculté de laisser circuler à travers son corps, de bas en haut, les influences. Les prescriptions médicales, courantes pendant longtemps, de la fumigation, renforcent cette croyance.

En 1616, un sujet de thèse présenté à la faculté de médecine de Paris s'interroge sur la possibilité qu'ont les eaux minérales de rendre les femmes enceintes.

Enfin, pour compléter le tableau des représentations fantasmatiques masculines à propos du corps féminin, c'est depuis Hippocrate et le fameux texte de Platon dans *Timée* que la matrice de la femme est comparée à un être vivant, à un animal autonome, le plus souvent cornu, possédant une volonté unique et une motilité

« Chez les femmes, ce qu'on appelle la matrice ou l'utérus est un animal qui vit en elles avec le désir de faire des enfants. » Platon, *Timée*.

Ève, *Gustave Moreau (1826-1898).*

Léda, *Gustave Moreau.*

Influence de la lune sur la tête des femmes, caricature du XVIIe siècle.

propre; elle est douée en outre d'une « vertu attractive » : cette prodigieuse faculté de faire venir le sperme jusque vers elle, ceci en dehors même de l'acte sexuel. On insiste avec complaisance sur l'avidité, la gloutonnerie et l'insatiabilité de la matrice, toujours « désireuse de la semence », « l'attirant aussi vivement qu'un estomac affamé arrache la viande de la bouche ». C'est pourquoi elle « luy court donc au devant, jusques à la partie honteuse, et avec son orifice intérieur, comme avec une main, l'attire, et la serre dans sa cavité »; elle « attire la semence virile, comme le cerf par l'inspiration de ses nazeaux tire les serpens du profond de leurs trous ». C'est encore « un animal remply de concupiscence et pour ainsi dire friand et envieux »; « elle est si cupide de semence virile, la désire tant et prend si grande délectation à l'attirer, succer et retenir qu'elle n'a jamais trop grande quantité de matière à son goût »!

« Si l'on approche des narines de la femme quelque chose d'odorant, l'utérus rampe et monte vers l'abdomen. Si cette odeur est appliquée à la vulve, au contraire, l'utérus qui aime les bonnes odeurs, particulièrement celle du sperme, s'abaisse vers la source de ce dernier. »

Archétypes

QUANTITÉ de peuples et de tribus, du Niger au Groenland, parmi les plus primitifs, aux structures et modes de pensée archétypaux, rendaient un culte à la Lune et la vénéraient comme une grande divinité, garante de la fécondité et dispensatrice de la fertilité : elle fait germer les semences, elle veille à la bonne croissance des plantes, elle assure les récoltes abondantes, et elle intervient aussi directement pour rendre «pleines» les femelles des animaux.

Nombre de récits et de mythes, venus des temps les plus reculés, témoignent que, pour certaines peuplades, la Lune était également capable d'engrosser les femmes. L'homme primitif établissait

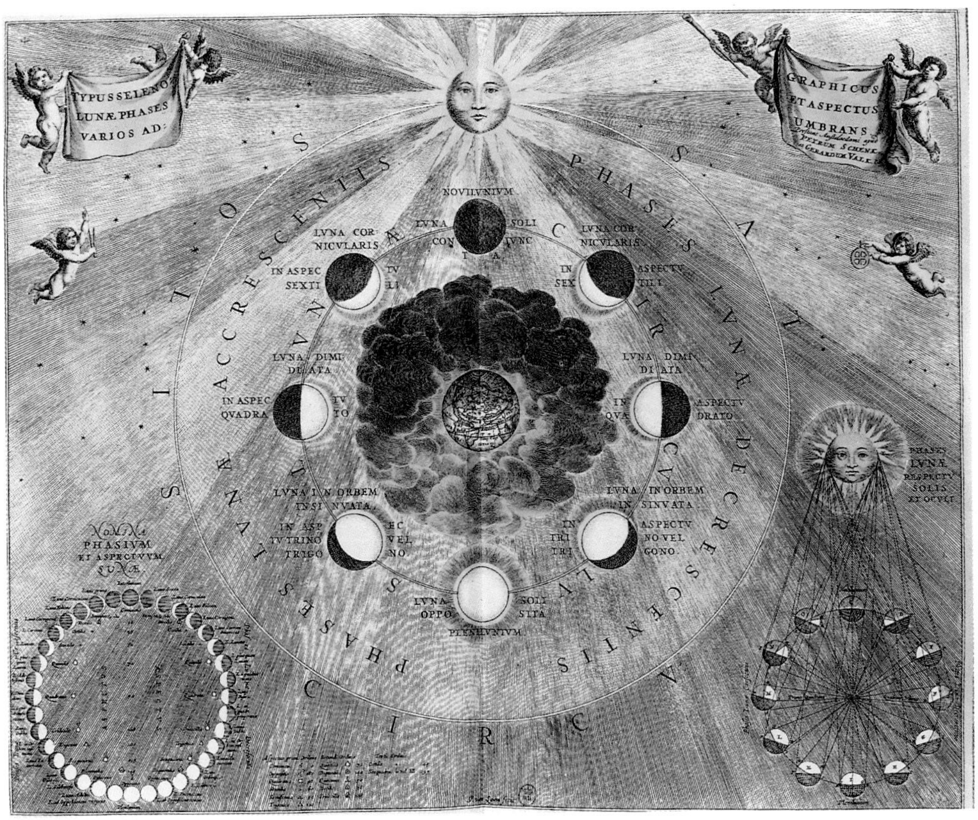

Les phases de la Lune, Harmonia Macrocosmica, *par Schenk et Valk Celarius.*

sûrement une relation causale entre le fait qu'une femme fasse des offrandes, invoque l'aide de l'astre nocturne, dorme en s'exposant à la lumière de la lune jeune, et le fait qu'elle devienne enceinte. Aussi, la fonction de l'homme, croyait-on, se limitait à rompre l'hymen ou à dilater le passage qui permettait aux rayons de la Lune d'y pénétrer, car c'était bien elle l'agent procréateur.

Les femmes qui ne désirent pas d'enfant évitent de regarder la Lune de face pour ne pas se soumettre à l'influence de sa lumière. Jamais elles ne se couchent sur le dos, à la nouvelle lune, sans s'être préalablement frotté le ventre avec de la salive — premier procédé anticonceptionnel? — pour se défendre de son action fécondante.

Ce pouvoir fertilisant accordé à la Lune découle naturellement de la concordance observée entre les cycles lunaire et menstruel, et de l'observation de la Lune, qui «enfle» comme le ventre de la femme enceinte. La lune montante est responsable d'une espèce d'« enflure universelle » et préside à la croissance et au développement de tous les êtres vivants. Pour ces mythologies lunaires qui impliquent la création périodique du monde, régénéré tous les vingt-huit jours, la Lune « file » le temps, et c'est elle qui « tisse » les existences humaines.

Les cérémonies matrimoniales, les rites nuptiaux, la consécration de l'union sexuelle entre l'homme et la femme ont, dans la mentalité des sociétés archaïques traditionnelles, un modèle divin ayant eu lieu à l'origine. Il s'agit le plus souvent de répéter l'événement qui fut au commencement du temps, lors de la création du monde : c'est l'union d'un dieu et d'une déesse, c'est l'union cosmique des éléments ou des astres primordiaux. Le mariage humain reproduit l'hiérogamie initiale.

Puisque c'est l'union divine qui s'est chargée d'assurer la fécondité humaine, le monde terrestre, en retour, se régénère chaque fois que l'hiérogamie est imitée. Les circonstances, les paroles prononcées, les gestes de ces dieux qu'ont soigneusement conservés et rapportés les mythes cosmogoniques servent de modèles aux unions humaines, et se doivent d'être reproduits lors de la consommation de l'alliance entre le mari et sa femme. Chaque parole ou geste nuptial est justifié par le prototype des temps mythiques, l'événement primordial ou le mythe cosmogonique originel s'étant déroulé « en ce temps-là ».

Les rituels de procréation convoquent dès lors les ancêtres initiaux. L'historien des religions Mircea Eliade, dans *le Mythe de l'éternel retour*, cite quelques-unes des paroles qui doivent être employées : l'*Atharva Veda* précise que le mari, lors de l'initiation sexuelle, récite à la mariée — l'un et l'autre sont respectivement assimilés à la Terre et au Soleil — les phrases « Comme Agni a saisi la main droite de cette terre, ainsi je saisis ta main. [...] Veuillez Savitar et Bhaga revêtir cette femme d'enfants, comme ils ont fait pour la Fille du Soleil ! » Pour le *Brhadaranyaka Upanisad*, c'est l'essentiel du mythe cosmique qui est mobilisé par les paroles de l'époux : « Que Visnu prépare la matrice; que Tvashtar façonne les formes; que Prajâpati déverse; que Dhatar dépose en toi le germe. »

Stèle élevée en l'honneur du globe et de ses garants royaux, provenant d'un autel domestique, Égypte, époque armarienne, XIVe siècle avant J.C.

En Polynésie, lorsqu'une femme veut être fécondée, elle imite le geste exemplaire de la mère primordiale, qui a été allongée sur la terre par le grand dieu Io, et les paroles grâce auxquelles Io fit briller la lumière dans les ténèbres et modela l'univers se doivent d'être reprises et proclamées.

En répétant ou en écoutant le grand récit de la naissance du monde, l'homme et la femme des sociétés traditionnelles redeviennent les contemporains de l'acte créateur cosmogonique. Ils entrent en communion directe, en communication avec le travail générateur, l'effort initial, qui fut au début du temps du monde.

Vertus des éléments

DES légendes, des contes, des traditions populaires témoignent de la croyance aux pouvoirs génésiques de nombreux éléments naturels. De même, certains lieux particulièrement symboliques sont réputés favoriser la fécondation. On y invoque les forces vitales de la nature, on sollicite les éléments primordiaux de la grande Terre-Mère, on entre en sympathie avec les énergies cosmiques et telluriques.

La terre nourricière, grande déesse primordiale, est une force féminine en perpétuel état de gestation, c'est aussi une mère au corps puissant, aux formes épanouies. La terre jouissant d'un corps, la pensée analogique n'est pas avare de métaphores anatomiques : la terre, en respirant, s'exprime par le vent, les souffles; les roches, le minéral sont sa charpente osseuse; les rivières, les fleuves sont ses vaisseaux; les arbres représentent ses muscles, parfois sa chevelure.

Ras Shamra
XIVe siècle avant J.C.
déesse de la fécondité.

À Timor, afin de garantir leur descendance, les couples nouvellement mariés sont invités à passer leur nuit de noces au fond d'un petit cratère, au lieu-dit *fona* («vagin»), censé être le berceau de l'humanité, le lieu où les premiers humains furent «crachés», «expulsés» des entrailles de la Terre-Mère. De nombreux mythes, issus de tous les continents de la planète, et dont les croyances populaires sont le reflet, attribuent des pouvoirs similaires, ici, à une grotte, à un passage resserré, là, à une anfractuosité du sol ou à la faille d'une roche : ce sont les ventres ou les fentes de la Terre-Mère, des symboles signifiants qui parlent d'eux-mêmes. Il s'agit toujours d'approcher au plus intime les profondeurs souterraines, d'établir un contact familier avec le corps généreux et protecteur de la génitrice originelle, de la solliciter enfin pour qu'elle participe aux mystères de la fécondation.

Chez les Indiens du Pérou, les jeunes filles étaient mariées avec un rocher où le dieu était censé venir habiter.

Les rochers auxquels les caprices ou les hasards de la nature ont donné des formes rappelant les organes sexuels, tant mâles que femelles, sont également très prisés. On ne compte plus les pierres percées, fendues, à travers lesquelles il faut passer la main, la tête ou le corps tout entier, ni les phallus de pierre ou les menhirs à la configuration particulièrement évocatrice qui font l'objet de dévotions et de cultes fervents : les femmes s'y frottent le ventre ou le nombril, les époux qui veulent venir à bout d'une stérilité persistante viennent s'asseoir respectueusement au sommet du fétiche. L'élément minéral, né puis extrait des profondeurs du sous-sol, se fait l'intercesseur des espoirs humains; sa puissance génésique est renforcée par les analogies.

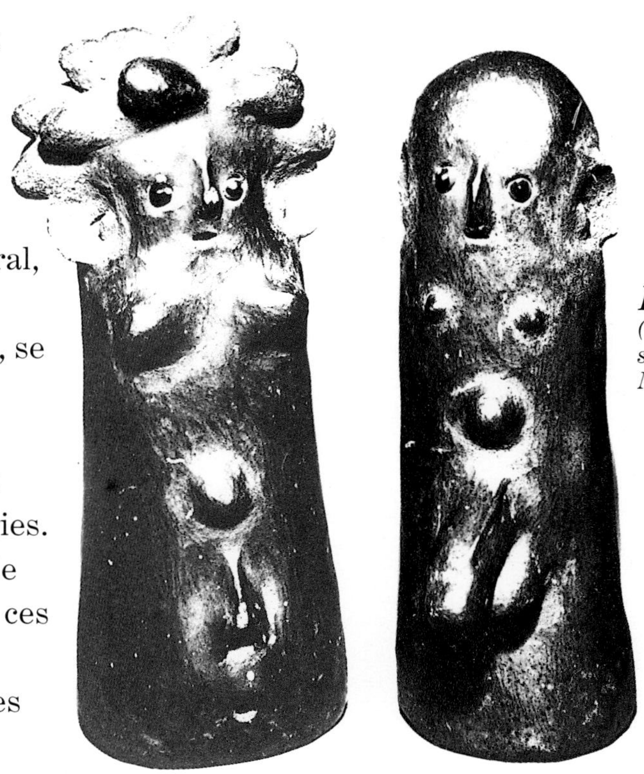

Idoles de la fécondité (homme et femme), statuettes en terre cuite, Madagascar.

Nombre de sources, de rivières, de cascades — ces points où l'eau jaillit et s'écoule — possèdent des propriétés fécondantes.

Bains de siège, ablutions ou immersions sont des pratiques usitées pour obtenir les faveurs de l'élément fertilisant par excellence. L'eau qui abreuve et fait croître les plantes est supposée accorder sa généreuse puissance aux femmes en mal d'enfants. En Charente, des paysans, observant les couvées nombreuses des canards qui s'accouplent dans l'eau, recommandent, non sans ironie, aux époux de « faire la bête à deux dos dans l'eau ». En d'autres lieux, une femme qui désire être engrossée est invitée à écarter les jambes sur le passage d'un ru ou à la sortie d'une source pour recevoir le courant d'eaux vives sur ses parties génitales. Une femme qui désire être fécondée peut aussi se baigner dans une eau où l'on a trempé un placenta : elle « prend la place » de l'enfant, un enfant viendra donc en elle. Boire, en quantités déterminées et à certains intervalles de temps, l'eau qui sourd de certaines fontaines miraculeuses est aussi un moyen conceptionnel. Mêlant les deux éléments, un des mythes essentiels des îles Trobriand, au large des côtes est de Nouvelle-Guinée, nous apprend que la mère d'un héros local devint grosse en recevant quelques gouttes d'eau tombant d'une stalactite.

Divinité fécondatrice, statue-masque Nimba, Guinée.

Certaines conditions météorologiques sont propices à la consommation charnelle entre époux; les pluies abondantes et cycliques, revenant une fois l'an, notamment au printemps, étaient prétexte à des festivités et à des rituels orgiaques chez plusieurs peuples méditerranéens et asiatiques. Outre la valeur symbolique fertilisante qui lui est attribuée dans toutes les civilisations agraires, pour les hiérogamies Ciel-Terre, la pluie est le sperme fécondant la Terre-Mère; pour les traditions amérindiennes, elle est la semence du dieu de l'Orage.

La mythologie grecque raconte que Persée fut engendré par l'union de Danaé et de Zeus, qui la posséda sous la forme d'une pluie d'or. Acrisios avait enfermé sa fille unique, Danaé, dans un donjon imprenable gardé par des chiens féroces pour lui ôter tout espoir de descendance — un oracle avait prédit à Acrisios que son petit-fils, s'il venait au monde, le tuerait. Mais le toit du donjon s'ouvrait sur le ciel pour laisser pénétrer l'air et la lumière. Un jour, un événement mystérieux se produisit : tombant du ciel, une averse d'or remplit la chambre de Danaé. Pas un instant la fille d'Acrisios ne douta que c'était Zeus qui venait à elle sous cet aspect et que le garçon qu'elle enfanta ensuite était bien le fils du dieu.

L'orage, célébrant les noces du Ciel et de la Terre, fêtant l'union des éléments déchaînés — la foudre est une étincelle divine qui assure la jonction entre le monde du haut et le monde du bas —, préside aux conceptions extraordinaires. Celui qui est engendré sous ces auspices favorables sera un enfant exceptionnel.

Statue féminine sacrée de la fécondité, bois, Afrique Centrale.

La flore magique

LES analogies végétales sont nombreuses en ce qui concerne le phénomène de la conception (n'affirme-t-on pas aux enfants que « le papa plante la petite graine » et que « les bébés naissent dans les choux »?) Des légendes de tous les pays attestent cette étroite imbrication entre le travail des champs, l'intrusion du monde végétal d'une part, et l'acte sexuel puis le temps de la gestation d'autre part. Ainsi, pour les textes sacrés les plus anciens, la femme est un champ où se développe la semence déposée par l'homme.

Déméter, mère de l'orge et déesse des champs de blé, s'est unie à Jason, au début du printemps, sur la terre nouvellement labourée. Certaines pratiques orgiaques se déroulaient dans les champs fraîchement ensemencés. Là encore, ce dont il est question, c'est de promouvoir la fertilité du sol et les puissances de la végétation, de participer au prodigieux élan des forces de création telluriques, de stimuler la régénération cosmique et d'encourager la germination universelle. Chez les Massaï, une tradition immémoriale veut que la femme ne puisse devenir enceinte que lorsqu'un certain arbre, l'*Acocanthera Abysinnica*, est en fleur, et n'accoucher que lorsque les fruits sont mûrs; pour éviter la conception, les rapports sexuels doivent donc avoir lieu quand l'arbre est nu. Dans la Chine ancienne, la cueillette du plantain, sans doute en raison du grand nombre de ses graines, est réputée favoriser la grossesse. Les Bambaras, avant de s'unir, ont l'habitude de manger une tomate, parce que ce fruit porte en lui l'embryon et que son jus est assimilé au sang. Faire l'amour protégés par les branches d'un arbre particulièrement vigoureux, portant de nombreux et beaux fruits, a toujours été un excellent moyen de concrétiser ses désirs de progéniture.

Les récits mythologiques attestent la croyance en la fécondation de la femme par la plante : Ovide, dans *les Fastes*, rapporte le cas de Junon, qui a conçu Mars simplement en caressant une fleur, sans intervention de Jupiter; les femmes deviennent enceintes parce qu'elles ont touché, secoué ou enlacé un arbre, parce qu'elles ont respiré l'odeur capiteuse d'une fleur, parce qu'elles ont avalé un fruit ou un légume.

Dans les récits populaires occidentaux, le pétale de rose mangé par une vierge provoque la grossesse. Selon la tradition chinoise, les vierges mangent une fleur de lotus, se baignent et enfantent. Il y a lieu, ici, de parler, au sens littéral, de véritables conceptions parthénogénétiques.

Une légende irlandaise raconte l'histoire d'une fécondation par manducation d'une feuille de cresson : tandis que Cred, la fille du roi de Leister, se lavait dans l'eau d'une fontaine, un pilleur d'églises qui la regardait, caché sous l'aubépine, laissa tomber un peu de sa semence sur un brin de cresson. La jeune fille mangea de cette plante et fut enceinte.

Bébés dans les choux, carte postale 1900.

La conviction que les âmes des ancêtres peuvent s'introduire dans le sein d'une femme par un truchement végétal, relié à la Terre-Mère, est universellement répandue. En Afrique orientale, chez les Bagandas, rapporte Jocelyne Bonnet, la femme occupée à jardiner peut être fécondée par la fleur pourpre du bananier tombant sur ses épaules; on croit que les mânes des ancêtres habitent les bosquets de bananiers aux pieds desquels sont enterrés les doubles des nouveau-nés, c'est-à-dire les placentas.

Pierre Libère signale un rituel, pratiqué chez les Banen du Cameroun, destiné à encourager la fécondation. Cette cérémonie a lieu au moment du mariage et après le sevrage de chaque enfant, qui peut être fort tardif — pendant la grossesse, l'homme doit se tenir éloigné de sa femme. Elle est appelée *esala mafunu* (littéralement : « fendre la kola »), est relative à l'enfant qui peut ne pas naître, n'étant même pas conçu. Ce rituel fait intervenir la noix de kola, un fruit utilisé à chaque étape importante de la vie d'un Banen, et revêtu de nombreux pouvoirs magiques; la valeur symbolique de la kola représente le dévouement et l'altruisme — la cabosse de kola est divisée en quartiers, quatre le plus souvent; d'autres fruits du même genre, mais monocotylédones, sont symboles de l'égoïsme —, et on la dit dotée de quatre yeux capables de voir jusqu'au monde des esprits.

L'ensemble de la communauté des femmes se trouve réuni autour de l'épouse, qui a posé un panier sur ses cuisses. Chaque participante agit à son tour. La kola entre les deux mains, elle prononce : « C'est l'enfant que je te mets dans le ventre »; puis elle prend la kola dans sa main gauche et saisit une calebasse de l'autre; elle boit une gorgée d'eau et repose la calebasse à terre; enfin, la kola à nouveau entre les deux mains, elle la jette dans le panier pendant qu'elle recrache aussi sur l'épouse l'eau contenue dans sa bouche. Chaque fois que les morceaux de kola y sont projetés, l'épouse applique le panier sur son ventre. Lorsque toutes les femmes présentes ont agi de la sorte, la doyenne d'âge remet à l'épouse la calebasse qui servira à puiser l'eau pour le nouveau-né : elle donne ainsi à l'homme l'assurance que sa femme sera enceinte quelques jours plus tard. La mère de l'épouse examine ensuite le contenu du panier et devine, par la configuration des noix de kola, quand sa fille pourra mettre au monde et quel enfant elle aura.

Danaé, *par Gossaert dit Mabuse,1527.*

Quant à cette fameuse histoire de chou, berceau des nouveau-nés, que peut-on en dire ? Il faudrait peut-être interroger Antonin Artaud, le grand déviant, né de lui-même, qui s'y connaissait en matière de génération : « On apprend dans la tradition occulte que le chou est la forme que prend le néant pour se manifester à la conscience humaine. Cela, je ne l'invente pas mais je l'ai lu dans des livres d'occultisme et de magie. Or, d'après ces livres, il paraîtrait que Satan : le hasard issu de l'inexistant, se serait servi de cette forme pour composer l'organe sexuel féminin, etc., etc. [...]

» Quant aux feuilles de chou, elles représentent le Néant, c'est-à-dire Rien du tout, puisque c'est avec Rien du tout que Dieu a tout fait. »

La faune complice

LE serpent, vertébré qui incarne le psychisme obscur et mystérieux, animal relié aux couches les plus profondes de la terre, habitant les failles et les crevasses et jaillissant des bouches d'ombre, le serpent représente, pour de nombreuses civilisations qui admettent la métempsycose, la réincarnation dans le monde des vivants d'un ancêtre ou d'un aïeul. Il est aussi communément le symbole de la fertilité et de la fécondité : le serpent est à la fois cercle et trait, matrice et phallus; l'Ouroboros, le serpent qui se mord la queue pour s'autoféconder en permanence, représente l'union sexuelle.

Une croyance partagée par de nombreuses civilisations (Bornéo, Madagascar, Afrique orientale, Nouvelle-Guinée) veut qu'un serpent qui frôle, dans un champ, une femme occupée à quelque travail agricole puisse la féconder par la même occasion; si, circonstance particulière, le serpent glisse entre ses jambes, l'enfant que la femme attendra aura toutes les chances d'être exceptionnel, héros ou magicien.

Chez les Papous, on dit que les anguilles fécondent les femmes qui prennent des bains de rivière.

Chez les Tchokwé, en Angola, on dispose un serpent sculpté en bois sous la couche nuptiale pour assurer la fécondation de l'épouse. En Inde, les femmes qui désirent un enfant adoptent un cobra. Chez les Tupi-Guarani du Brésil, on rendait féconde la femme stérile en lui frappant les hanches avec un serpent.

En Hongrie, on dépose un placenta (conservé et desséché) sous le lit d'un couple stérile pour activer la procréation d'un enfant.

Nombre de légendes grecques et latines rapportent le cas de femmes ou de vierges visitées en songe par un serpent, visites qui entraînent, notamment, les naissances miraculeuses des «héros» Alexandre le Grand, Auguste ou Scipion l'Ancien.

Dans certaines régions d'Europe, les femmes redoutent qu'un serpent ne s'introduise dans leur bouche pendant leur sommeil — surtout à l'époque de leurs règles — et ne les rende enceintes.

La possibilité de concevoir par la bouche est un ancien préjugé. Chez les Tziganes, quand une femme reste stérile, l'époux prend un œuf, fait un petit trou à chaque extrémité, et en souffle le contenu dans la bouche de son épouse, qui l'avale aussitôt.

Les Amours de Jupiter, *Pietro Buonnacorsi (env. 1500-1547).*

La Naissance de Vénus, *Botticelli, Florence, 1485.*

Léda, *gravure italienne du XVIe siècle.*

Cigogne portant des bébés, carte postale 1900.

Le mythe de Léda par l'illustrateur et affichiste Louis Icart, vers 1925.

Mais, si le folklore universel n'est pas avare d'histoires relatant des accouplements entre une femme et un serpent, il faut aussi noter que, en Europe, on prête à la cigogne, connue pour apporter les enfants à domicile, le pouvoir d'être cause de la conception par le seul effet de son regard. En Chine, on accorde la même faculté au héron.

On sait que Zeus, pour arriver à ses fins, usait de tous les stratagèmes et ruses imaginables pour séduire les déesses, les nymphes ou les simples mortelles. L'histoire de ses viols est un curieux catalogue de métamorphoses animalières, avec une prédilection ornithologique marquée pour les espèces volatiles : pour séduire la déesse Némésis, le dieu se change en cygne et, de l'œuf qu'elle pond, naît Hélène de Troie; il prend la même apparence pour posséder sexuellement Léda, qui pond elle aussi un œuf d'où sortent Castor et Pollux. Il se transforme en caille pour s'unir à Leto, qui donne naissance à Apollon et Artémis; il adopte le déguisement d'un coucou mouillé pour séduire Héra, celle-ci prend pitié, le réchauffe dans son sein, et Zeus en profite pour la violer. Il prend aussi l'aspect d'un taureau ou d'un aigle pour s'unir à Europe; d'une tortue, d'un pigeon, d'un dauphin, d'un serpent, etc.

En Indonésie orientale, chez les Tetum, lorsqu'une bufflonne — celle que l'on sait choisie par le chef du troupeau — est pleine, on admet que la femme de son propriétaire, elle aussi, va concevoir sous peu.

La spirale fécondante des bonnes paroles

NOUS les hommes parlant à toutes les femmes aident à la procréation. En parlant à une femme, on la féconde », écrit Marcel Griaule, rapportant l'enseignement du vieil Ogotemmêli, détenteur de la sagesse des Dogon. « Toutes les bonnes paroles, qu'elles sortent des bouches des femmes ou de celles des hommes, entrent au sein de toutes les femmes, qu'elles font prêtes pour les unions et les parturitions futures. » C'est en effet une fascinante histoire de transsubstantiation du Verbe qui nous est ici relatée.

La spirale fécondante des bonnes paroles, expression empruntée à Marcel Griaule, in *Dieu d'eau.*

Pour les Dogon, riches d'une fantastique mythologie, la parole, qui est d'essence divine, comme l'eau, se meut sur une ligne hélicoïdale, elle sort par la bouche en une buée tiède du plus secret de l'être.

La parole, selon sa qualité, peut pénétrer par deux ouvertures de la femme : son sexe ou son oreille, qui représente un sexe double (le pavillon est mâle; le trou auditif, femelle).

La mauvaise parole, émise la nuit, entre par l'oreille, passe par la gorge et le foie, et arrive finalement dans la matrice; cette mauvaise parole empêche la femme de procréer, elle est signe de stérilité temporaire, de mauvais enroulement.

La bonne parole au contraire est diurne; recueillie par l'oreille, elle va directement au sexe, où elle s'enroule autour de la matrice, se met en hélice comme a fait la parole. Cette bonne parole ou « parole d'eau » contient l'humidité nécessaire à la procréation. Elle se transforme en un germe, d'origine céleste, qui attend de prendre forme humaine, germe qui est comme un embryon en puissance mais qui ne peut se développer sans l'intervention de l'homme. Au moment de l'union de l'homme avec la femme, qui a lieu sur un terre-plein orienté, l'homme face à l'ouest, couché sur son côté droit, le Nommo (génie d'essence divine, mi-serpent, mi-homme), reproduisant le geste primordial du dieu façonnant le premier couple dogon, mélange avec les paroles l'eau de la femme et la semence de l'homme, qui est la terre.

Pour la cosmologie dogon, à l'aube de l'humanité, le premier couple humain fut pétri par le dieu Amma dans une argile humide, il surgit des glèbes. Ce couple originel eut huit enfants, les quatre premiers étant des mâles, les quatre suivants des femelles. Ce sont ces ancêtres initiaux qui furent à l'origine de toutes les classifications ultérieures.

Maternité dogon, Mali.

Par l'effet d'une particularité qu'ils furent les seuls à posséder, ces huit ancêtres pouvaient se féconder eux-mêmes, se reproduire par parthénogenèse, chacun étant initialement de sexe double. La descendance du peuple dogon fut assurée par ces huit familles du début. (Aujourd'hui, lorsqu'un nouveau-né dogon arrive à la vie, deux âmes duelles l'investissent : pour un garçon, l'âme femelle siège dans le prépuce; pour une fille, l'âme mâle est dans le clitoris. Tant que l'enfant conserve ou son prépuce ou son clitoris, son sexe reste indécis. Pour la fille, le clitoris représente son jumeau symbolique, un pis-aller mâle qui l'empêcherait de s'unir à un homme et de procréer. Les rituels de circoncision et d'excision sont donc essentiels pour garantir à l'enfant sa véritable identité sexuelle.)

Correspondant à ces huit ancêtres, les Dogon reconnaissent quatre formes de matrice (classées par rang, de 5 à 8) et trois formes de sexe masculin (de 1 à 3). Chaque forme, associée à un nombre, est reliée à un réseau complexe de correspondances symboliques et possède pouvoirs spécifiques et particularités.

La forme 5, la matrice «pobou» (du nom du fruit de cet arbre), est ovoïde, elle est encore comparée au grain de haricot. Cette forme est néfaste, impropre à la procréation, car trop peu profonde. Elle possède le chiffre de l'avortement et des enfants souffreteux.

Jupiter et Junon.

La forme 6, dite « pied d'antilope », est une matrice triangulaire. C'est une forme faste, censée produire des jumeaux de sexe mâle.

La forme 7, dite «fendue», allongée et mince, est striée dans le sens de la longueur, elle est associée au grain de riz. Elle donne naissance à des jumeaux de sexes différents.

La forme 8, dite «poitrine», est une matrice trapézoïdale, elle possède quatre côtés. Elle donne naissance à des jumelles.

Pour les formes de sexe masculin, la première, la «grosse», convient essentiellement aux matrices de forme 5 et 8; la seconde, la « tête de lézard », lancéolée, est néfaste pour toutes les matrices; la troisième, la « longue », convient aux matrices de forme 6 et 7.

C'est ainsi que, pour la pensée analogique des Dogon, les enfants, bien qu'ils puissent être très différents au sein d'une même famille, sont essentiellement déterminés par la combinaison de ces formes.

Mythologies

LA mythologie grecque fourmille d'histoires, toutes plus étonnantes et singulières les unes que les autres, relatant des naissances extraordinaires; voici, choisi parmi d'autres, le récit des circonstances dans lesquelles furent conçus Athéna, Dionysos, Héraclès et Aphrodite, comment ensuite ils vinrent au jour.

Zeus convoitait Métis, la Titanide, qui, pour échapper à ses avances, se métamorphosait en diverses espèces animales; lasse, elle fut prise enfin de force par le dieu, qui ne capitulait jamais, et elle devint enceinte. Un oracle ayant déclaré que le premier enfant qu'engendrerait Métis serait une fille en tous points exceptionnelle mais que le second, s'il devait y en avoir un, serait un garçon qui détrônerait le grand Zeus lui-même, ce dernier, pour ne prendre aucun risque, s'approcha de Métis enceinte, la charma par de douces paroles, puis, ouvrant brusquement la bouche, l'avala d'un coup. Quelque temps après, Zeus, se promenant aux abords du lac Triton, fut pris d'effroyables céphalées à lui faire éclater le crâne. Excédé, il fit appeler Héphaïstos, le dieu forgeron, afin de lui demander conseil. Héphaïstos, pour le soulager, muni d'un coin et d'un maillet, lui fendit le crâne; de l'entaille sortit la belle Athéna, casquée et armée.

Follement amoureux de Sémélé, princesse de Thèbes, déjà enceinte de six mois, Zeus, déguisé en mortel pour la séduire, lui jura qu'il lui accorderait tout ce qu'elle pourrait lui demander. Sémélé, sachant l'exploit difficile, répondit qu'elle désirait qu'il apparaisse sous son aspect de maître du Tonnerre, de la Foudre et des Éclairs. Ne pouvant refuser, celui-là s'exécuta, mais dans son embrasement de gloire, il consuma Sémélé. Juste avant qu'elle ne succombe, Hermès eut le temps d'arracher l'enfant qu'elle portait dans son ventre et le remit au père des dieux. Ce dernier s'ouvrit la cuisse, y introduisit l'embryon — il s'agissait de le dissimuler aux yeux d'Héra, sa femme — et se la recousit.

Zeus porta l'enfant trois mois, jusqu'au terme, et le délivra. C'est pourquoi Dionysos, né de la cuisse de Jupiter, est appelé « deux fois né ».

Pour satisfaire ses appétits charnels, Zeus ne reculait devant aucune perfidie. Alors qu'il échouait depuis déjà trop longtemps à faire céder Alcème, il profita un jour de l'absence de son mari, Amphitryon, pour revêtir son aspect et emprunter ses traits. Alcème, trompée, croyant remplir ses devoirs conjugaux, s'ébattit en réalité avec Zeus pendant la durée de trois nuits, car il ne fallait pas moins de temps pour forger un héros aussi considérable que celui que Zeus méditait de procréer — les textes précisent que lorsque Amphitryon revint auprès de son épouse, celle-là ne lui témoigna pas au lit autant d'ardeur qu'il avait espéré. Héra, jalouse, voulant se venger, décida qu'Alcème n'accoucherait pas; elle se rendit devant la porte de sa rivale; là, elle s'accroupit, croisa les jambes, s'entrelaça les doigts et fit des nœuds à ses vêtements, tous procédés qui devaient empêcher la naissance. Une ruse permit de détourner l'attention d'Héra, qui desserra un instant les mains, et Alcème accoucha enfin d'Héraclès après sept jours de souffrance insupportable.

Naissance d'Athéna,
pyxide tripode,
céramique grecque
vers 570 av. J.-C.

La Naissance du Bouddha, *bronze doré avec incrustations de pierres polychromes, Népal, 1re moitié du XIXe siècle.*

Selon les versions, Aphrodite, que les Romains assimilèrent à Vénus, déesse du Désir et de la Beauté, serait née formée entièrement d'une émission séminale spontanée de Zeus, en un véritable accouchement éjaculatoire; ou alors, pour la représentation que célébreront les peintres, elle surgit nue, chevauchant une conque, de l'écume de la mer, écume provenant des organes génitaux d'Ouranos, dieu primordial personnifiant le Ciel, que l'impitoyable Cronos, s'aidant d'une faucille, lui avait arrachés pendant son sommeil et qu'il avait jetés à la mer.

La mythologie égyptienne recèle un cas de conception insolite, pour le moins précoce, de surcroît incestueux : les jumeaux Osiris et Isis s'étaient si bien unis dans l'utérus maternel qu'en naissant cette dernière, la « divine mère », était déjà enceinte d'Horus des œuvres de son frère et époux (ce récit avait dû fortement impressionner Viardel, chirurgien-accoucheur, qui, au XVIIe siècle, était persuadé qu'il n'y avait qu'une seule poche amniotique lorsque les jumeaux étaient du même sexe mais deux lorsque les sexes différaient; ceci afin, précisait-il, « d'inspirer aux hommes, dès le premier moment de leur formation, des lois et des règles pour la chasteté ».) Cet exemple divin explique que pendant longtemps (jusqu'aux Ptolémées) les mariages entre frères et sœurs furent autorisés en Egypte.

Les textes sacrés hindous relatent la conception miraculeuse puis l'accouchement indolore de Siddharta-Gautama, le futur Bouddha. Sa mère, la reine Maya, alors qu'elle s'imposait un temps de continence pour satisfaire un vœu de chasteté, vit en songe par une nuit de pleine lune un merveilleux petit éléphant blanc à six défenses descendre sur son sein et pénétrer délicatement en elle par le flanc droit.

La gestation dura dix mois lunaires, Maya se rendit alors aux jardins de Lumbini; là, elle avisa un arbre qui portait de magnifiques fleurs rouges et leva le bras droit pour saisir l'une de ses branches : aussitôt, elle donna naissance à Siddharta, le Voyant suprême, qui sortit de sa hanche droite sans la blesser.

Dès que Maya eut enfanté — debout, comme doit accoucher toute mère de bouddha —, les serpents fabuleux Naga firent tomber du ciel deux averses parfumées, l'une froide et l'autre

Eve avant la faute,
sculpture attribuée à Eugène Delaplanche (1836-1891).

tiède, destinées au bain de la mère et du nouveau-né. Puis l'enfant fit sept pas en direction de chacun des points cardinaux, proclamant : « Je suis le Maître de la Vie et de la Mort »; des fleurs de lotus naissaient sous ses pieds.

L'Annonciation, *mosaïque byzantine, église Sainte-Marie du Trastevere, Rome.*

L'Immaculée Conception

SI la promulgation officielle, par l'Église catholique, du dogme de l'Immaculée Conception se fait tardivement, en 1851, les questions et les débats tortueux, notamment pour démontrer, à longueur de siècles, que Marie était restée vierge, *même après* son accouchement, n'ont pas manqué.

Le dogme de l'Immaculée Conception, s'il établit définitivement l'absolue virginité de Marie — comme l'avait énoncé saint Augustin (354-430) des siècles auparavant, déclarant Marie « *virgo ante partum, in partu, post partum* », c'est-à-dire vierge avant, pendant et après l'accouchement —, proclame aussi qu'elle fut la seule créature humaine qui ait échappé, de tout temps, au péché originel; elle est la première femme entre toutes, elle rachète aussi la faute d'Ève au paradis.

L'Annonciation, *enluminure du livre d'heures de Jean II Boucicaut, (1365 - 1421).*

Le credo selon lequel le Christ fut conçu par l'opération du Saint-Esprit, c'est-à-dire par la manifestation du dieu lui-même, unique, en sa troisième personne (la première étant le Père, et la deuxième le Fils), souleva nombre d'interrogations chez les théologiens, que n'éclairent en rien les textes des Évangiles, fort discrets sur le sujet. C'est le passage traditionnel de l'Annonciation : l'ange Gabriel, envoyé de Dieu, apparut un jour dans la maison de Marie, il parla en ces termes : « Je te salue, pleine de grâce, le Seigneur est avec toi. » Marie fut bouleversée et demanda ce que signifiaient ces paroles; l'ange lui répondit : « Rassure-toi, Marie; car tu as trouvé grâce auprès de Dieu. Voici que tu concevras et enfanteras un fils, et tu lui donneras le nom de Jésus. Il sera grand, et on l'appellera Fils du Très Haut. » Marie interrogea l'ange : « Comment cela se fera-t-il, puisque je ne connais point d'homme? » L'ange lui répondit : « L'Esprit saint viendra sur toi; c'est pourquoi l'enfant sera saint et sera appelé Fils de Dieu. » Marie dit alors : « Je suis la servante du Seigneur; qu'il advienne selon ta parole! » Et l'ange la quitta.

«Connaître», dans son sens biblique : avoir des relations sexuelles. Au moins depuis la Vulgate, les rapports charnels sont décrits comme une «connaissance».

Sous quel signe visible l'Esprit saint se manifesta-t-il à Marie? Descendit-il, pour l'effleurer, sous forme d'une colombe ou d'une langue de feu? Comment se produisit l'incarnation? Le Saint-Esprit prit-il l'apparence d'un rayon lumineux qui transperça le sein de Marie? Fut-ce encore une lumière vive, éclatante et resplendissante qui baigna Marie tout entière comme d'une imprégnation divine? N'étaient-ce pas plutôt les paroles de l'ange elles-mêmes qui furent fécondantes? Marie avait-elle conçu par l'oreille? Un souffle mystique, ou une voix, celle de l'Esprit, transita-t-il à travers le corps de Marie où il se fit chair? Pour garantir absolument l'intégrité physique de Marie, ne fallait-il pas imaginer que c'était bien l'Esprit saint qui avait conçu puis porté l'enfant comme une mère au sein même de Marie pour y être nourri jusqu'au jour de sa naissance?

Les textes des Évangiles concernant l'enfantement sont encore plus elliptiques : « Elle mit au monde son fils premier né. » Mais pour l'Église catholique, il faut l'admettre, c'est un article de foi : Marie n'accoucha pas. Le *Protévangile de Jacques* (évangile apocryphe) insiste, lui, sur les circonstances qui présidèrent à la naissance miraculeuse du Christ; même si, en certains passages, il a pu blesser la sensibilité chrétienne, il servit, pour la Tradition et les Pères de l'Église, de document fondamental pour établir l'idée et la notion même de virginité absolue : Marie, en route vers Bethléem, sentant venir l'enfantement, demande à Joseph de descendre de son âne. Ils s'arrêtent alors devant une grotte, et Joseph la quitte pour aller

L'Annonciation, *détail d'un polyptyque de Piero della Francesca (1416-1492).*

chercher une sage-femme. Il en rencontre une sur le chemin, prénommée Gélome, qui marche aussitôt en direction de la grotte, qu'une nuée lumineuse, un halo, recouvrait. Tout à coup, l'endroit se remplit d'une clarté si vive, une clarté à illuminer le monde, que l'œil ne peut la contempler. Lorsque Joseph revient avec une seconde sage-femme, Salomé, Marie est déjà délivrée, et Gélome, stupéfaite, se tient toujours à l'entrée de la grotte. Joseph donne l'ordre à Gélome d'entrer. Celle-là, s'étant approchée de Marie pour l'examiner, s'écrie : « Le jour est grand pour moi, car j'ai vu un spectacle merveilleux ! Je n'ai jamais soupçonné ni entendu dire chose semblable ! Une vierge a engendré et elle reste vierge ! » Mais, entendant ces paroles, Salomé se montre sceptique et demande à toucher le corps de Marie — on pense ici à l'épisode de saint Thomas —, refusant de croire à un accouchement virginal. Salomé entre à son tour, porte la main sur le corps de la Vierge et hurle aussitôt de douleur, sa main blasphématoire brûlée par un feu dévorant. Salomé sort et implore le pardon du Seigneur, un ange apparaît et la guérit. Salomé chante alors la gloire de l'enfant Jésus.

Sainte Anne concevant la Vierge, *Jean Bellegambe (1470-1534).*

Le Feu, *XVIIe siècle*

Bossuet, particulièrement inspiré, évoque la Nativité en ces termes : « [L'enfant] sort d'elle comme un trait de lumière, comme un rayon de soleil. Sa mère était tout étonnée de le voir paraître tout d'un coup. Cet enfantement est exempt de cris comme de douleurs et de violence. Miraculeusement conçu, il naît plus miraculeusement encore. »

Tout le Mystère — et l'une de ces constructions imaginaires les plus puissantes que l'histoire des civilisations ait jamais connues —, qu'une femme ait pu échapper un jour à l'ordre du biologique, donc du sexe, et aussi, par voie de conséquence, de la mort, est résumé dans ces quelques lignes.

Illuminés, mystiques, fous littéraires… cas limites

IL est nécessaire à cet endroit de rappeler que les conceptions élaborées à travers les âges sur le phénomène d'ensemble de la génération forment un impressionnant catalogue, rassemblant les idées les plus stupéfiantes. La croyance à l'hétérogénie, autrement dit aux générations spontanées, c'est-à-dire à la naissance d'êtres vivants sans parents, remonte à l'Antiquité; c'est une conviction que partageaient notamment Aristote, Virgile et Ovide. Jusqu'au XVIIe siècle, on admet sans discussion que la matière putride peut donner naissance à des animaux inférieurs tels que les asticots, les larves, les poux, les sauterelles, les taupes, les limaces ou les grenouilles, et que la putréfaction transforme en mouches un morceau de viande; que les serpents sortent des cadavres; les abeilles, des bœufs; les guêpes, des chevaux; les coléoptères, des ânes, etc. Au siècle des Lumières, Buffon soutenait encore que les vers de terre naissaient spontanément du fumier; et l'opinion commune, qu'il suffisait d'introduire dans une boîte à chaussures un peu de paille et de fromage, un chiffon, et d'attendre quelques jours pour voir apparaître, comme *ex nihilo*, de leur fermentation, de petites souris. Au milieu du XIXe siècle, la croyance aux générations spontanées est toujours générale pour tout ce qui concerne les êtres infimes et microscopiques. Il faut attendre 1862 et les études de Pasteur pour que le «dogme» soit définitivement abandonné.

La génération et ses mystères, la conception avec toute la charge sexuelle qu'elle implique ont toujours été des thèmes de prédilection et source d'écrits nombreux, farfelus et fantaisistes, ou le support privilégié de réflexions et de rêveries pour tous les délirants en mal de nouveaux systèmes.

Au XVIIe siècle, les visions d'Antoinette Bourignon, une illuminée qui eut de nombreux adeptes, lui firent apparaître Adam tel qu'il était avant sa chute et les hommes enfin unis, réconciliés (hermaphrodites) dans le paradis éternel. Chacun possédait un sexe double à la place de la verge, et était muni d'un nez recourbé qui laissait échapper par ses narines des parfums enchanteurs. La narine gauche était semblable à un utérus contenant des perles fines, la droite sécrétait incessamment une liqueur éthérée aux fragrances divines : une narine fécondait l'autre. Ainsi se déroulait la procréation, parmi les félicités et les douceurs les plus exquises.

Un physiologiste allemand, Burdach, au XIXe siècle — époque où triomphe définitivement l'électricité —, imagine qu'au moment où l'homme et la femme s'unissent une étincelle électrique établit, en raison des polarités inverses et par l'intermédiaire de l'humidité électrique, un contact, une décharge, entre le testicule et l'ovaire.

En 1857, un dénommé Jean-Pierre Roux fait paraître chez l'éditeur Masson un *Traité de la science de Dieu ou Découverte des causes premières* : il pense que le coït est exactement le même phénomène que l'aimantation; après avoir décrit les « animalcules féroces et impurs dont la forme ordinaire est celle d'une pince de maréchal, ou longue pince de forge, dont la queue porte à son extrémité un plumeau crochu et dont la tête n'est qu'une mâchoire qui s'agite avec la vivacité de l'éclair et s'ouvre et se referme cinq à six fois par seconde, portant partout le carnage et la douleur », il en vient finalement à rêver d'un pur mode de conception : la conception... photographique! Aussi parfaite et idéale que celle que Daguerre réalise avec ses plaques!

C'est enfin — honneur au Prince des Penseurs! — Jean-Pierre Brisset qui, durant toute sa vie, s'applique à démontrer de façon irréfutable et parfaitement scientifique que l'homme descend en droite ligne de… la grenouille! Ceci, par exemple, entre mille :
« Le corps de l'homme avant de naître passe par les divers états qu'a parcourus l'homme éternel. Il est têtard dans la semence de son père; dans le sein de sa mère, le sexe se forme après l'ouverture anale, et pendant une période ne se différencie point extérieurement; encore à la naissance on confond quelquefois la fille et le garçon; même il se trouve des personnes qui n'ont point de sexe et qui évacuent tout par l'anus, comme la grenouille.

Adam et Ève, *détail de* la Création du monde, *le Maître de Moulins, vers 1490.*

» L'homme qui voudra s'examiner dans sa parfaite nudité et se comparer à la grenouille, en imitant ses poses et sa marche, reconnaîtra bientôt en lui son ancêtre et il comprendra que, comme animal, il n'est qu'un gros parvenu. Les tailleurs, les Orientaux se tiennent accroupis à la façon des grenouilles et comme on représente les dieux de l'Orient. »

Lucien de Samosate, auteur grec (IIe siècle) de romans satiriques, imagine comment se font les enfants sur la Lune! Sur cette planète, seuls les hommes contribuent à la perpétuation de l'espèce, et le nom même de femme y est inconnu, mais « il y a mieux; dans ce pays se trouve une race d'hommes appelés dentrites, et voici comment ils naissent. Un homme se coupe le génitoire droit, le plante en terre; il en naît un arbre charnu, semblable à un priape. Il a des rameaux, des feuilles et des fruits qui sont des glands d'une coudée de longueur. Quand ils sont mûrs, on moissonne ces fruits, et en les ouvrant on en tire des hommes, mais ceux-ci n'ont point de parties naturelles; ils s'en appliquent quand ils le veulent; les uns en ont en ivoire, les pauvres se contentent d'en porter de bois, et ils remplissent avec tout cela les fonctions du mariage. »

La littérature nous offre aussi quelques curiosités, des cas que nous pourrions qualifier de conceptions limites.

La Marquise d'O..., nouvelle de Heinrich von Kleist, met en scène une noble et jeune veuve qui se trouve enceinte en étant absolument convaincue de n'avoir pas commis l'acte de chair; on comprend vite qu'un officier russe, lors de l'attaque d'une citadelle, avait profité d'un évanouissement de la marquise pour abuser de son état; il n'est pas exagéré de prétendre que l'enfant ainsi conçu le fut des œuvres conjuguées d'une syncope et d'un père inconnu. Danger qui s'attache dès lors à toute perte de connaissance!

Une histoire sans nom, de Jules Barbey d'Aurevilly, est le récit dramatique, noir, d'un viol commis par un père capucin sur une jeune fille prénommée Lasthénie alors que celle-ci est sujette à des accès de somnambulisme profond. L'enfant qu'elle porte meurt lorsqu'elle accouche. La jeune fille, de honte et de désespoir, se fait lentement mourir en s'enfonçant une à une des aiguilles dans le sein, à l'endroit du cœur. La mère n'apprend la vérité, et l'innocence de sa fille, que vingt-cinq ans plus tard.

Deux fictions qui tirent peut-être leur argument d'une anecdote citée par Montaigne au chapitre deuxième du Livre II des *Essais* : « Et ce m'aprint une dame que j'honnore et prise singulierement, que prés de Bourdeaus, vers Castres où est sa maison, une femme de village, veufve, de chaste reputation, sentant les premiers ombrages de grossesse, disoit à ses voisines qu'elle penseroit estre enceinte si elle avoit un mari. Mais, du jour à la journée croissant l'occasion de ce soupçon et en fin jusques à l'évidence, ell'en vint là de faire declarer au prosne de son eglise que, qui seroit consent de ce faict, en le advoüant, elle promettoit de luy pardonner, et, s'il le trouvoit bon, de l'espouser. Un sien jeune valet de labourage, enhardy de cette proclamation, declara l'avoir trouvée, un jour de feste, ayant bien largement prins son vin, si profondément endormie près de son foyer, et si indecemment, qu'il s'en estoit peu servir, sans l'esveiller.
Ils vivent encore mariez ensemble. »

Victoire remportée par l'Abondance sur la Stérilité et la Misère, *Almanach 1727.*

八月目

Attendre

Pour dire d'un mot cette sublime et délicieuse poésie :
dès le berceau, la femme est mère, folle de maternité.
Pour elle, toute chose de nature, vivante
et même non vivante, se transforme en petits enfants.

Jules Michelet
La Femme

Les tests de grossesse

DÈS l'Antiquité, notamment chez les Égyptiens — réputés pour avoir connu quelques notions, parfois précises, de gynécologie et d'obstétrique —, des procédés sont utilisés pour diagnostiquer une grossesse. Empiriques ou savants, ils témoignent toujours d'une volonté de savoir le plus rapidement possible si un rapport s'est conclu de façon à entretenir quelque espoir de génération.

Une recette est proposée dans le papyrus de Carlsberg : introduisez dans le vagin de la femme une gousse d'ail humectée qu'elle devra garder toute une nuit. Si, au matin, l'odeur de l'ail s'exprime par la bouche ou par le nez, la femme enfantera; si au contraire l'haleine est normale, c'est signe que la femme n'a pas conçu.

Cette épreuve « au parfum », le test de la gousse d'ail, est reprise telle quelle par Hippocrate, et est toujours préconisée, au XVIe siècle, par les médecins — mais l'interprétation du résultat est parfois contraire. Des fumigations faites à partir de substances aromatiques « receues par la matrice, au moyen d'un entonnoir » font également même usage : les odeurs passent ou ne passent pas, elles sont à nouveau révélatrices d'une conception de l'image du corps de la femme considéré comme un vase perméable, en relation avec l'extérieur, et de l'idée, très répandue, selon laquelle la bouche et le sexe communiquent directement.

D'après Ambroise Paré et les auteurs de son temps, si, au moment du rapport, la femme ressent « un petit frisson et horripilation, ou herissonnement en tout le corps » semblable à celui qui accompagne la miction, et si l'homme reconnaît en même temps comme une succion au bout de son membre viril; si, dès que l'homme s'est retiré, l'orifice de la matrice se rétracte instantanément et se referme étroitement, au point qu'on ne saurait même y glisser une pointe d'aiguille, afin de retenir les semences qui se sont jointes; si la verge est sèche absolument, comme les parties génitales de la femme; si alors celle-ci ressent une petite douleur autour du nombril et qu'elle s'endort sans n'avoir plus envie de la compagnie de l'homme, alors ce sont là tous signes favorables pour présumer que la femme a conçu.

Les auteurs des XVIe et XVIIe siècles, persuadés que l'acte de conception se décide au moment même du coït, précisent que la matrice, une fois resserrée, communique aussitôt à la femme des sensations de chatouillement et de plaisir, « un tressaillement voluptueux et extraordinaire de toutes les parties de son corps », qui sont comme un indice du bonheur futur. Cette femme se doit en outre de remarquer que les semences au lieu de ressortir au-dehors sont retenues, précieusement conservées, en son intimité.

Saint Cosme et saint Damien. Gravure de J. Wechtlin pour le Feldbuch des Wund-Artzney de M. von Gersdorff, Strasbourg, 1540.

De nombreux procédés populaires mettent en œuvre diverses expériences à partir de l'urine : il faut que la femme aille le matin, pendant trois jours de suite, faire ses premières urines sur une mauve; si la mauve meurt, la femme ne peut concevoir; si la plante demeure vive sans être corrompue, c'est signe que la femme peut avoir un enfant certainement. On peut, par exemple, recueillir l'urine dans un pot de cuivre et y faire tremper pendant la nuit quelques pièces en fer. Si la femme est enceinte, les pièces se couvriront de taches rouges; si elle ne l'est pas, elles resteront intactes.

Nicolas Venette, médecin français, dans son *Tableau de l'amour conjugal* (1685), cite encore quelques secrets : « Les uns tirent du corps de la femme quelques gouttes de sang et, après les avoir laissées tomber dans l'eau, ils conjecturent qu'elle est grosse si le sang va au fond. Quelques autres prennent parties égales d'urine et de vin blanc. Si l'urine, après avoir été agitée, paraît semblable à du bouillon de fèves, ils assurent que la femme est grosse. D'autres, enfin, laissent pendant trois jours reposer à l'ombre, dans un vase de verre bien bouché, l'urine de la femme. Après l'avoir coulée par un taffetas clair, s'ils rencontrent de petits animaux sur le taffetas, ils ne font pas difficulté d'affirmer que la femme est grosse. »

L'urine, dont on sait aujourd'hui qu'elle est modifiée par la présence de l'hormone dite HCG dix jours après la fécondation, était agitée dans des carafes puis scrutée à la lumière du jour, tant à la ville qu'à la campagne, par des « mireurs d'eaux », qui faisaient parfois commerce de détecter différents maux par les différences de couleur ou de transparence du liquide. L'examen uroscopique — enseigné dans les facultés de médecine — était aussi censé diagnostiquer la grossesse et prédire le sexe du futur enfant. D'ailleurs, le crédit dont jouirent les uromanciens fut considérable aux XVIIe et XVIIIe siècles.
Une autre méthode très employée dont parlait Hippocrate, signalée également dans le monde arabe, consiste à faire boire à la femme qui

Sainte Elisabeth faisant examiner ses urines pour savoir si elle est enceinte. Bible dite de Jean XXIII, XVe siècle.

La Nausée.
Caricature de Louis Léopold Boilly (1761-1845) réalisée vers 1825.

Le Docteur embarrassé. *Médecin annonçant à une jeune fille qu'elle est enceinte. Gravure, vers 1820.*

désire connaître son état un mélange d'eau et de miel, le mellicrat. Si des picotements se font ressentir dans la région du nombril ou si des lourdeurs lui viennent au ventre, la femme peut être alors assurée qu'elle est grosse d'un enfant.

Quelques jours après l'acte sexuel, si la face de la femme est « descoulourée, entre blanche et palle », si des tavelures apparaissent, si les yeux sont enfoncés (c'est le fameux « masque de grossesse »), si les « tétons s'endurcissent et luy cuisent, à raison du sang qui les distend et amplifie », puis si le sang menstruel est retenu et que les «fleurs» n'arrivent pas à leur terme, enfin si, vers le troisième ou le quatrième mois, les mouvements de l'enfant se font perceptibles et que le lait sort des mamelles, il y a signes renforcés de conception, le rapport a été fécondant.

Pour compléter le tableau, perte de l'appétit ou au contraire boulimie, maux de cœur et vomissements, irritabilité et susceptibilité hors de propos sont encore signes de présomption. « Autres sont rechignées, melancholiques et desplaisantes à elles mesmes, tant pour ce que les esprits sont obscurcis de vapeurs suscitées de bas en haut, que pour le fardeau non accoustumé, dont tout le corps est appesanti », ajoute Ambroise Paré.

Le développement embryonnaire

HIPPOCRATE affirme que le fœtus mâle est entièrement formé trente jours après l'acte sexuel fécondant et que le garçon remue dans le ventre maternel après le troisième mois de grossesse; le fœtus femelle se forme le quarante-deuxième jour et ne remue qu'au bout de quatre mois.

D'après Aristote, qui a étudié le développement du poussin dans l'œuf, le cœur, puisqu'il est la source du sang, se forme en premier — c'est aussi l'organe qui meurt en dernier. Précurseur de l'épigenèse, théorie de la formation progressive, il dit que les parties de l'embryon apparaissent graduellement, l'une après l'autre, comme les « mailles d'un filet ». Il ajoute que le sang menstruel, dont l'évacuation est suspendue, fournit abondamment la nourriture du fœtus; après la naissance, ce sang se transforme en lait en refluant vers les mamelles — d'autres auteurs anciens affirment que c'est le lait lui-même qui nourrit le fœtus.

Pour Démocrite, le fœtus, lors de son séjour dans le ventre maternel, se modèle sur l'organisme de la mère. C'est le nombril, « tige du fruit qui se forme et naîtra un jour », « ancrage contre toute agitation et déplacement », qui apparaît en premier. Comme les racines des plantes dans le sol nourricier, les vaisseaux sanguins s'attachent à la matrice; se forment alors les parties extérieures du fœtus, puis les parties intérieures. Déjà, dans l'utérus, l'embryon se nourrit par la bouche.

Pour Empédocle, il faut sept fois sept jours pour que l'embryon ait ses membres formés. Le cœur apparaît le premier, en dernier poussent les ongles. L'enfant ne commence à respirer qu'au moment de sa naissance.

Alcméon croit que le cerveau, où siège l'âme, est le premier organe à se former.

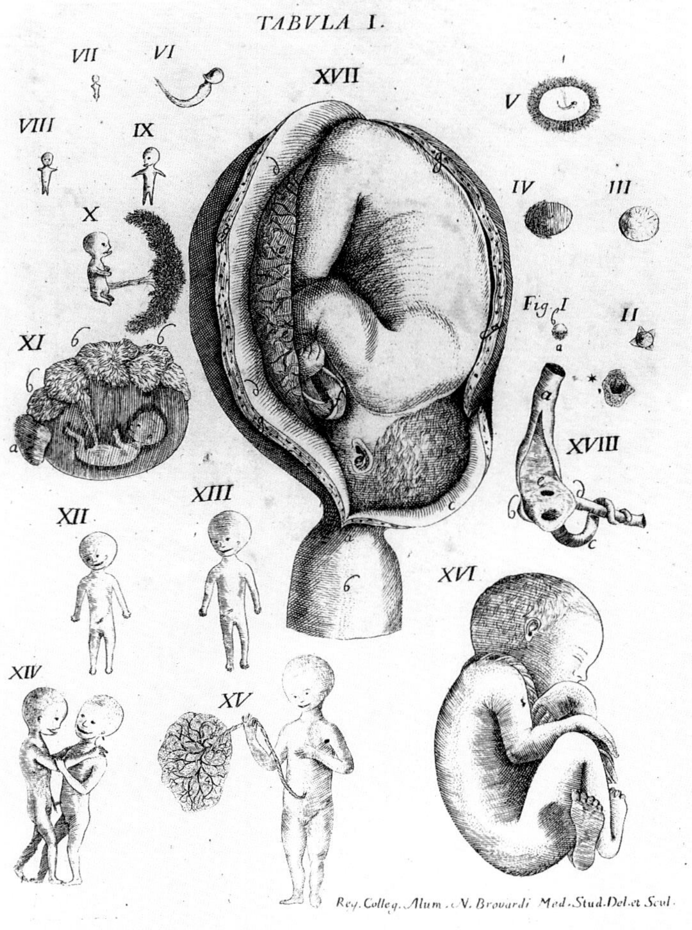

La formation du fœtus.
De naturali
in humano corpore,
J. B. Bianchi, 1741.

Galien explique que le fœtus, en même temps que se différencient les organes, reçoit successivement les trois âmes qui habitent le corps de tout homme. Pour constituer progressivement le petit être, ce sont les vaisseaux sanguins qui se forment en premier, puis c'est le foie qui s'organise, siège de l'âme nutritive ou végétative, ensuite le cœur, siège de l'âme sensitive ou animale, enfin le cerveau, où loge l'âme raisonnable ou humaine. Il ajoute un argument logique en notant que le foie est plus près de l'utérus que le cœur, lui-même plus proche que le cerveau.

Le *Talmud* dit que le fœtus, au début de son évolution, ressemble à une sauterelle, avec ses deux yeux éloignés l'un de l'autre, pas plus gros que ceux d'une mouche; à ce moment-là, l'organe génital mâle ressemble à une lentille, et le femelle à un grain d'orge.

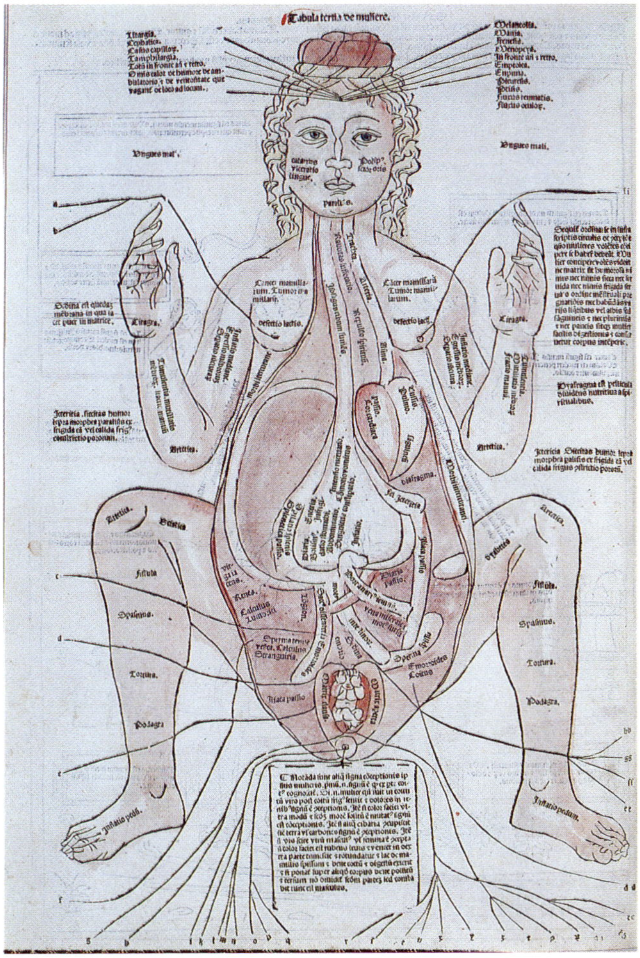

Anatomie de la femme enceinte, Fasciculus Medicinae, *J. De Ketmam, Venise, 1491.*

Isidore de Séville, docteur de l'Église, explique dans ses *Étymologies* (630) comment, au cours de la vie intra-utérine, se moulent nécessairement les orbites : « Finalement on dit que l'homme est engendré et formé dans une position repliée de sorte que ses genoux sont remontés vers le haut; par ceux-ci sont formés les yeux de telle façon qu'ils soient creux et enfoncés [...] de là vient que les hommes lorsqu'ils se prosternent à genoux, se mettent aussitôt à pleurer. En effet la nature a voulu qu'ils se souviennent du sein maternel, où ils étaient assis pour ainsi dire dans les ténèbres avant d'émerger à la lumière. »

Ambroise Paré, dans un langage très imagé, explique comment, dans les tout premiers jours, se forme une petite membrane ou pellicule qui sert non seulement à enfermer les liqueurs séminales mais aussi « à attirer la nourriture par les orifices des veines et artères qui se terminent en la matrice par où est expurgé le sang menstruel ». Il détaille comment ensuite se différencient les trois premiers organes, qui sont les principaux : « Quand la matrice a pris et retenu les deux semences meslées ensemble [… celles-là] se coagulent et adhèrent contre les parois de la matrice, et par sa chaleur naturelle sont eschauffées subit et si fort, qu'alentour se concrée une petite peau subtile, semblable à celle qui se fait sus du lait non escrémé, ou d'une toile d'araignée, de façon que le tout est fait comme un œuf abortif, c'est-à-dire, qui n'a encore sa coquille ferme et dure. [...]

» Les esprits donc et le sang, meslés avec la semence, qui desia auparavant boüilloit, et boust tousjours de plus en plus, font lever trois petites ampoules semblables à trois petites bulles ou vessies, ressemblantes à celles qui s'eslèvent en l'eau agitée par la pluye : et icelles ampoulles sont les lieux où seront formés le foye, le cœur, et le cerveau : et auparavant qu'icelles soient eslevées, la semence est tousjours appelée semence, et non encore fœtus ou pullulant. »

Sans doute en référence à cet épisode biblique où Job, révolté, s'adresse à Dieu, le prend à partie, l'exhorte de son « Ne m'as-tu pas coulé comme du lait et fait cailler comme du laitage, vêtu de peau et de chair, tissé en os et en nerfs ? » (*Job*, X, 10), le développement embryonnaire est assimilé à la fabrication du fromage, pendant laquelle la présure fait cailler le lait. L'utérus maternel n'est alors qu'une faisselle, où la semence masculine en «se coagulant» élabore lentement le fœtus.

Autrement insistante, tel un leitmotiv, est l'image du ventre de la femme, pendant sa gestation, considéré comme un four dans lequel «cuit» l'enfant, comme la pâte à pain lève dans le four du boulanger,

La formation du fœtus (conception aristotélicienne de l'embryogenèse humaine), De conceptu et generatione hominis, *Jacob Rueff, 1580.*

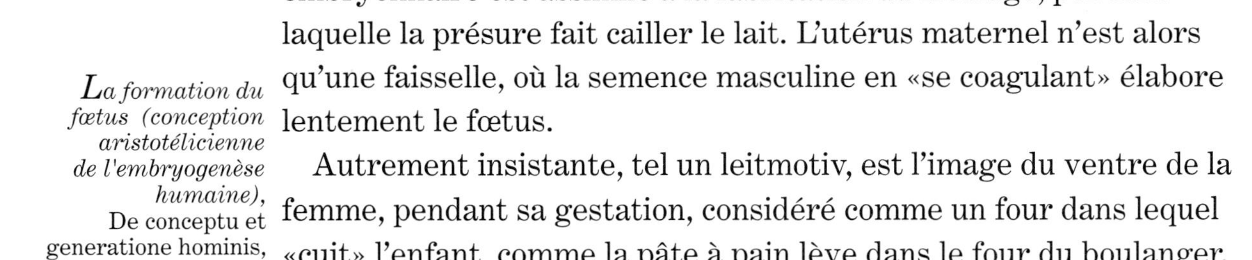

en attente d'arriver à maturité. Le fœtus, à l'abri, bien au chaud, recevant du sein maternel le gîte et le couvert, est recroquevillé, pelotonné comme une marmotte tout au fond de son trou ; on imagine généralement que l'enfant passe le plus clair de son temps endormi profondément, yeux clos et poings fermés ; il se réveille parfois en sursaut et, se détendant, envoie un coup de coude ou de pied à sa mère, qui en reçoit le choc.

À l'opposé, l'autre version, courante dans les représentations iconographiques du XIe au XVIe siècle, fait du fœtus un homme achevé, au corps adulte parfaitement constitué, flottant comme en apesanteur dans un utérus volumineux, visiblement trop vaste pour lui, en forme de poire, de gourde à goulot renversé ou de sphère à deux cornes, et s'essayant à diverses positions gymniques et autres exercices acrobatiques.

Au début du XVIIIe siècle, la querelle est toujours aussi vive entre les tenants de la théorie du développement centrifuge, selon laquelle le cœur est le premier organe à se former, l'organisme se développant naturellement ensuite du centre vers la circonférence, et les partisans de l'opinion contraire, qui soutiennent que le processus organogénétique opère toujours de la circonférence vers le centre, la formation des vaisseaux et des nerfs étant antérieure à celle du cœur et de l'axe cérébro-spinal.

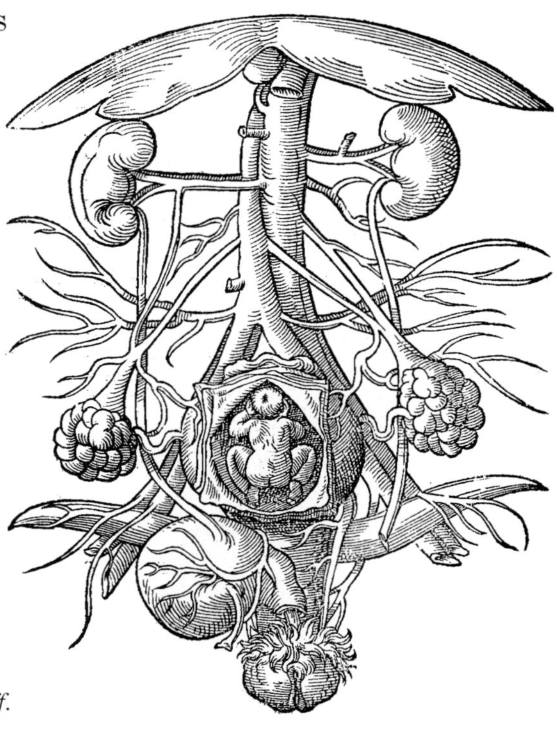

Anatomie de la femme enceinte selon Jacob Rueff.

Femme enceinte. De formato foetu, *Spiegel, 1531.*

Plus ou moins neuf mois

S'IL semble bien, dès l'Antiquité, que la durée normale d'une grossesse ait été reconnue comme devant atteindre neuf mois environ, il n'en reste pas moins vrai que, dans les mentalités, cette durée moyenne a été sujette à toutes sortes de variations, les idées n'étant pas arrêtées sur le terme à accorder à la gestation humaine. Imprécisions qui se transmettront naturellement en s'aggravant au cours des siècles, parfois entretenues par la confusion faite par certains auteurs entre mois lunaires, dont usaient les Anciens, et mois solaires.

Hippocrate comme Aristote pensent que l'accouchement arrive au dixième mois, parfois au onzième.

Pline observe qu'alors que les femelles des animaux ont un délai fixe pour mettre bas, les enfants, eux, peuvent naître à partir du septième mois et jusqu'à un an. Il précise que les bébés qui naissent au septième mois sont ceux qui furent conçus la veille ou le lendemain de la pleine lune.

Galien déclare qu'« il n'y a pas de période assurée ni pour la formation, ni pour le mouvement, ni pour la naissance ».

Quant à Ambroise Paré, il reprend nombre de ces opinions : « L'homme seul n'a aucun temps ny terme prefix, ains vient au monde en tout temps : aussi les uns naissent à sept mois, les autres à huit, les autres à neuf, qui est le plus commun, les autres à dix, voire au commencement de l'onzième. » Il ajoute en outre, reprenant une croyance antique, déclinée tout au long du Moyen Age, que si les enfants naissent viables au septième mois « avecques asseurance de vie, s'ils sont forts et puissants de nature », ceux qui naissent au huitième ne vivent jamais ou rarement. Paré croit que tous les enfants sans exception font une première tentative de sortie au septième mois et que seuls les plus vaillants, les plus achevés arrivent à leurs fins; les autres, en revanche, encore faibles et fluets, pas encore arrivés à maturité, doivent « repasser au four » : « Estant d'avantage debile par le combat et effort qu'il a fait en vain pour sortir, a besoin quasi d'estre comme recuit et retenu dans l'uterus jusques à deux ou trois mois apres, pour ce pendant recueillir et ramasser ses forces. » L'enfant qui sortirait à huit mois, n'ayant pas eu le temps de se remettre de son essai, de son vain «labeur» du mois précédent « est estimé mal-heureux, sans esperance de longue vie ». Ce mois, de plus, est attribué à Saturne, planète maléfique pour les astrologues, évocatrice des chagrins et des épreuves, ennemie des naissances et des vies.

En 1541, dépassant toutes les bornes raisonnables, un certain Niconitius dépose une thèse, dédiée à toutes les épouses, dont le titre fait mention *Des 224 raisons qui prouvent qu'un enfant d'une femme, né dix ans après le départ du mari, est légitime.*

Pour les Chaga, c'est le clan auquel appartient le mari qui influe sur la durée de la gestation de son épouse : il y a des clans à neuf, à dix ou à onze mois.

Avicenne comme Averroès sont des partisans convaincus de l'accouchement tardif : celui-là cite l'exemple d'une femme qui, après quatorze mois de grossesse, a mis au monde un enfant dont les dents apparaissaient. Pour les Arabes, dans l'ensemble du Maghreb, la croyance — parfois entérinée par le droit musulman, qui peut autoriser une période de grossesse allant jusqu'à cinq années — en l'«enfant endormi» est courante : le fœtus peut s'endormir dans le ventre maternel et y rester plusieurs années sans souffrir d'aucun trouble. Il ne se réveillera qu'au bout d'un temps plus ou moins long et sera gesté au moment où la femme s'y attend le moins.

Aux XVIIe et XVIIIe siècles, nombreux seront les procès, les débats, les invectives qui opposeront partisans et adversaires de la naissance tardive. Les tribunaux alors, en rendant des jugements contradictoires, témoignent une révoltante partialité : preuve en est la faculté de Leipzig qui, en 1630, exclut de la légitimité un enfant posthume de dix mois et neuf jours mais qui, en 1638, en admet un autre né un an et douze jours après la mort de son père présumé. Les attendus sont souvent assez savoureux, on déclare légitime tel enfant posthume « eu égard à la chasteté de la mère vivant paisiblement au milieu de sa famille et puisqu'elle avait incessamment, depuis l'accident, donné les marques de la douleur dont elle était pénétrée et qu'elle demeurait en estime chez les héritiers de feu son mari »...

En 1694, Mauriceau, dans son *Traité des maladies des femmes grosses*, tire, après une observation effectuée sur quatre cent cinq cas, la conclusion que la grossesse peut durer jusqu'à onze mois et huit jours. « Les enfants qui naissent après le terme de neuf mois entièrement accomplis sont toujours plus gros qu'à l'ordinaire », ajoute-t-il.

Harvey affirme avoir observé une femme de Londres qui « a porté, pendant seize mois, un enfant qu'elle a senti se remuer çà et là pendant plus de dix et qu'enfin elle a mis au monde vivant. [...] Ces sortes de choses sont du nombre de celles qui arrivent rarement. »

L'Académie des sciences de Paris, dans ses comptes rendus de l'année 1753, rapporte le cas d'une femme Pequigna, du bourg de Jouarre, qui accoucha au bout de trois ans d'un enfant au volume ordinaire, événement attesté par un grand nombre de médecins, de chirurgiens, par le bailli et le notaire de l'endroit. On se disait que les grossesses prolongées s'expliquaient par le fait que l'enfant, ayant peur de l'accouchement, se refusait catégoriquement à sortir; et les histoires d'enfants nés tardivement, marchant et parlant, ne manquent pas.

Femme aux grossesses multiples. Planche gravée, XVIe siècle.

Aujourd'hui, depuis le code napoléonien, les choses sont définies dans le cadre strict de la loi : l'article 315 du Code civil déclare que la légitimité d'un enfant né trois cents jours après la dissolution du mariage pourra être contestée, tandis que l'article 312 donne au mari la possibilité de désavouer un enfant né dix mois après son départ.

La tradition chinoise rapporte enfin que le grand philosophe Lao Tzu fut porté dans le ventre maternel pendant la durée record de soixante-douze ans. Ainsi, quand il naquit, le futur auteur du *Livre de la voie et de la vertu*, l'initiateur du taoïsme, avait déjà les cheveux tout blancs, ce qui lui valut son nom, car Lao Tzu signifie « le vieil enfant ».

Arguments et débats qui devaient bien amuser Rabelais, aussi médecin, qui, dans *la Vie très horrificque du grand Gargantua*, au chapitre III, intitulé « Comment Gargantua fut unze moys porté au ventre de sa mere », s'en donnait déjà à cœur joie pour railler insidieusement les opinions de son époque : « En son eage virile [Grandgousier] espousa Gargamelle, fille du roy des Parpaillos, belle gouge et de bonne troigne, et faisoient eux deux souvent ensemble la beste à deux dos, joyeusement se frotans leur lard, tant qu'elle engroissa d'un beau filz et le porta jusques à l'unziesme moys.

» Car autant, voire dadvantage, peuvent les femmes ventre porter, mesmement quand c'est quelque chef d'œuvre et personnage que doibve en son temps faire grandes prouesses, comme dict Homere que l'enfant duquel Neptune engroissa la nymphe nasquit l'an après revolu : ce fut le douziesme moys. Car, ce long temps convenoit à la majesté de Neptune, affin qu'en icelluy l'enfant feust formé à perfection. [...]

» Messieurs les anciens Pantagruelistes ont conformé ce que je dis et ont declairé non seulement possible, mais aussi legitime, l'enfant né de femme l'unziesme moys après la mort de son mary [Rabelais cite ici l'opinion d'Hippocrate, de Pline, de Plaute, d'Aristote...] et mille aultres folz, le nombre desquelz a esté par les legistes acreu. [...] Moiennans lesquelles loys, les femmes vefves peuvent franchement jouer du serrecropiere à tous enviz et toutes restes, deux moys après le trespas de leurs mariz.

» Je vous prie par grace, vous aultres mes bons averlans, si d'icelles en trouvez que vaillent le desbraguetter, montez dessus et me les amenez.

» Car, si au troisiesme moys elles engroissent, leur fruict sera heritier du deffunct; et, la groisse congneue, poussent hardiment oultre, et vogue la gualée puis que la panse est pleine ! »

Lao Tzu sur son buffle.
Statuette chinoise
du XVIIIe siècle.

La divination du sexe

DEPUIS les temps anciens, les femmes et les hommes éprouvent le désir lancinant de percer le secret de ce qui s'élabore à l'intérieur du ventre maternel. Dès la haute Antiquité égyptienne, divers moyens sont utilisés pour pronostiquer le sexe de l'enfant à naître; le papyrus de Berlin propose son test de divination : « Tu placeras de l'orge et du blé dans deux sacs de toile que la femme arrosera de son urine chaque jour, pareillement du sable et des dattes dans les deux sacs. Si l'orge et le blé germent tous deux, elle enfantera. Si c'est l'orge qui germe (la première), ce sera un garçon; si c'est le blé qui germe (le premier), ce sera une fille. S'ils ne germent (ni l'un ni l'autre), elle n'enfantera pas. »

Statuette en bois bougouli. Mali, XIXe siècle.

Hippocrate, on l'a vu, prétend que le garçon remue plus tôt que la fille. Aristote, s'il est d'accord pour dire que les fœtus femelles se forment toujours plus lentement que les mâles, affirme que ce n'est pas le degré de chaleur dans la matrice qui détermine le sexe car, s'il en était ainsi, les jumeaux devraient toujours être de même sexe, ce qui ne se vérifie point; il précise encore que la différenciation sexuelle est infime à l'origine : « Au moment de la formation première, une différence d'un rien dans la grandeur d'une des parties qui constituent le principe du corps fera de l'animal une femelle ou un mâle. »

Des écrits datant de cette époque jusqu'à ceux du XIXe siècle (encore aujourd'hui?), il ressort que l'aspect physique de la mère est l'un des critères essentiels retenus pour deviner le sexe de l'enfant

à naître. Critères pour le moins misogynes — on n'en finirait plus de citer les textes par centaines qui déclinent toujours les mêmes préjugés : si l'attente d'un garçon favorise le physique et la santé de la mère, en revanche l'état de la femme enceinte d'une fille est presque toujours assimilé à une maladie; et, en effet, pendant longtemps et pour de nombreux pays, la conception puis la naissance d'une fille furent mal perçues, difficilement acceptées, souvent très mal vécues.
Lorsqu'elle a conçu un fils, la mère se sent gaillarde, gaie, vigoureuse, son appétit est excellent, elle est plus belle, son regard est plus vif, son teint vermeil, plus coloré, c'est tout son être qui reflète la joie et le bonheur d'attendre un mâle. Au contraire, lorsqu'une femme attend une fille, elle se sent mélancolique, attristée, d'humeur atrabilaire, son teint est pâle, grisâtre, son ventre lui pèse, elle est sujette à des cauchemars, des vomissements et des maux de hanche, le masque de grossesse est accusé, des taches de rousseur apparaissent, son lait est « noir, indigeste, lourd, aqueux et délié », et des manifestations de rejet peuvent se produire.

Puisque l'on pense que le sexe de l'embryon influence déjà le caractère de sa mère, une femme grosse d'un garçon mangera volontiers venaison et volaille, boira avec plaisir petites quantités d'alcool, elle écoutera volontiers des récits de guerres, de tournois et de joutes; celle qui n'aura envie que de danses et de musiques légères est grosse d'une fille. Encore une fois, l'opposition gauche/droite, constatée aussi dans de nombreuses régions d'Afrique, est primordiale; de multiples signes sont prétextes à interprétation : « Toutes ses parties droites sont plus

Symbole paysan de fertilité représentant une femme enceinte prête à accoucher. France, XVIIe siècle.

Masque de ventre yoruba porté par les danseurs afin de conjurer l'infertilité.

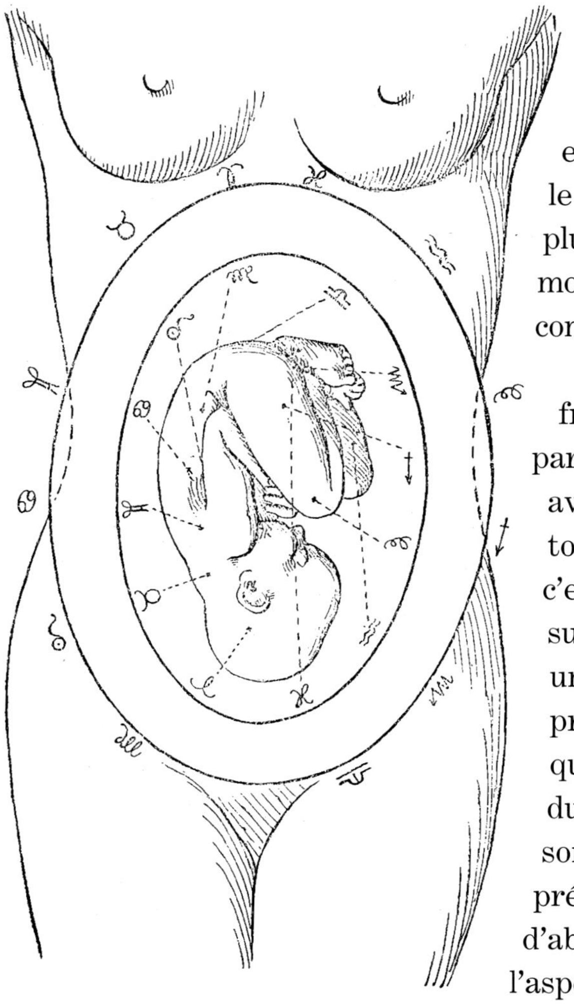

La femme enceinte et le zodiaque, Elie Alta, Cosmogonie humaone, *1917.*

habiles à tous mouvements, écrit Ambroise Paré, que le premier pas qu'elle fait estant debout, est du pied droit : et estant assise, quand elle se veut lever, met plustost la main droite sur le genoüil droit pour s'y appuyer. L'œil dextre est plus mobile, le tetin droit engrossit plustost, et le mouvement de l'enfant est plus au costé droit : le contraire est d'une fille. »

Au Moyen Age, quelques recettes sont franchement surprenantes : la femme enceinte, par exemple, est invitée à creuser un trou en terre avec son talon; le troisième jour, si le trou est toujours ouvert, c'est un garçon; s'il est rebouché, c'est une fille. On prétend aussi que, si l'on met sur la tête de la femme, sans qu'elle s'en avise, une plante de genêt avec sa racine et que le premier mot qu'elle prononce est masculin, c'est qu'elle est grosse d'un fils. De même, appliquez du sel sur le ventre de la femme pendant son sommeil; le lendemain, demandez à la mère le prénom qu'elle a choisi pour l'enfant, si elle nomme d'abord un garçon, ce sera un fils. On examine l'aspect général du ventre gravide; la rotondité ou la forme pointue est signe de la naissance d'un garçon… ou d'une fille — les opinions divergent selon les régions et les auteurs. Faites encore le test du pendule : s'il tourne en rond, c'est une fille; s'il fait des mouvements de va-et-vient, c'est un garçon.

Les Arabes pensaient déterminer le sexe d'après la couleur du mamelon : « S'il incline à la rougeur, dit Rhazès, ce sera un garçon, s'il tourne au noir, ce sera une fille. »

Les Lapons interrogent les astres. S'ils observent, dès qu'ils apprennent qu'une femme est enceinte, une étoile au-dessus de la Lune, l'enfant qu'elle attend est un garçon; si l'étoile est au-dessous, l'enfant est une fille.

Pile ou face? Chez les Wayapi du haut Oyapoc, la femme enceinte lance en l'air la carapace vide d'un crabe; si elle retombe côté ventral, c'est un garçon; côté dorsal, c'est une fille.

Les Chinois, grands mathématiciens, emploient un procédé arithmétique : ils multiplient sept par sept, retranchent l'âge de la mère, ajoutent alors dix-neuf, plus le chiffre du mois où la

Une représentation concentrique du monde. Le monde est entouré de membranes, ainsi que le fœtus. La matrice est perçue comme une représentation de l'univers. France, XVe siècle.

conception a eu lieu. Le nombre impair indique un garçon, le nombre pair une fille.

De nombreux peuples primitifs pensent que la femme enceinte peut influer sur le sexe du fœtus pendant la durée de la gestation; elle doit, si elle désire accoucher d'un mâle, s'abstenir de tout travail féminin durant cette période. Veut-elle un garçon, elle porte une sagaie ou un arc; veut-elle une fille, elle garde toujours sur elle un fuseau. L'opposition entre l'homme chasseur et la femme fileuse garantit le rôle futur de l'enfant à naître.

Les envies

LA grossesse étant une période de transformation biologique de la femme dans tout son corps, celle-là peut manifester toutes sortes d'envies, souvent les moins rationnelles qui soient. Cette particularité est attestée par les abondants récits des Anciens, elle se retrouve dans l'Inde ancienne, chez les vieux médecins juifs comme chez les Indiens d'Amérique du Nord et du Sud, et dans de nombreuses régions d'Afrique. Dans la plupart des cas, ces envies sont respectées puisqu'elles sont considérées comme sacrées; une envie non satisfaite pouvant entraîner un avortement ou faire subir divers préjudices au fœtus : l'enfant en souffre, en portera les stigmates, risque de devenir un monstre.

« À partir du moment où l'embryon prend possession de la femme, chaque goutte de sang, chaque fibre, chaque organe est affecté — jusqu'aux ongles qui deviennent bien plus minces. »
Thèse de médecine, 1876.

Les récits des médecins se font les témoins complaisants de ces envies mal comprises, souvent redoutées : « Aucunes ont mal de dents, defaillance de cœur, appetit depravé, avec nausée, dit encore Ambroise Paré, faisant qu'elles desdaignent les bonnes viandes, et quelquesfois appetent choses contre nature, comme charbons, terre, cendres, vieux harens pourris, fruits verts et aspres, poivre et autres espiceries, boire vinaigre, et autres semblables, le tout selon la qualité et saveur des humeurs qui regorgent de l'amarry au ventricule. » Toutes les matières, et parmi les moins digestes, sont citées en abondance : telle Italienne avala ainsi plusieurs livres de sable avec satisfaction puis but une lampée de sa propre urine; d'autres sont comme poussées à manger de l'argile, de la boue, du plâtre, de la craie ou de la poix, de la peau, des cheveux, de la laine, de la toile, du papier, du bois et pourquoi pas du fer. Pour les matières comestibles, telle noble dame ingéra cent quarante gâteaux en une seule journée, telle autre mangea quarante citrons en une nuit, une autre absorba vingt-neuf livres de poivre. On trouve encore, choisie entre des dizaines, telle femme enceinte de trente-trois ans qui avala une poule vivante tout entière; d'autres ressentent le désir violent de consommer des araignées, des insectes, des lézards, des anguilles vivantes, des escargots, des huîtres, etc.

La «sympathie», l'interdépendance entre la mère et le fœtus qu'elle garde en son sein étant telles, on pense généralement que tout ce que peut ressentir la première — notamment les frustrations, les déceptions : ce sont les fameuses «envies rentrées» —, comme par un curieux effet de capillarité, vient immanquablement s'imprimer, se marquer sur la peau de l'enfant.

L'envie de grossesse : femme choisissant un chapeau. Lithographie du milieu du XIXe siècle.

Scévole de Sainte-Marthe, en 1698, dans *la Manière de nourrir les enfants à la mamelle,* se fait le rapporteur des opinions de l'époque : « Et tandis que l'enfant est enfermé dans la matrice, et que son sang est le même que celui de sa mère, tous les membres de ces deux corps ont entre eux un rapport particulier l'un à l'autre; ce qui fait que les esprits agissent également au-dedans sur la mère, et sur son enfant : mais comme la peau de la mère se trouve plus dure, celle de l'enfant, qui est plus tendre, obéit et reçoit seule et facilement comme une cire molle la figure qu'on lui imprime. »

Plus particulièrement dans les milieux aisés, la sollicitude, l'attention, les égards marqués envers la mère se font de plus en plus appuyés : gare aux effets indélébiles et nocifs d'un désir exprimé qui ne trouverait pas satisfaction! Les médecins eux-

Le boulanger.
Envie de femme enceinte, caricature de 1823.

mêmes ne conseillent-ils pas aux gens de maison de supporter l'humeur, quelle qu'elle puisse être, de leur maîtresse; à l'époux de manifester sa compréhension, voire de céder à tous les caprices de sa femme. Les récits cocasses sont pléthore : c'est tel savant botaniste allemand qui, au XVIe siècle, préfère se laisser bombarder d'œufs par sa femme qui en exprime l'envie plutôt que de l'exposer aux risques d'une fausse couche; telle duchesse marque-t-elle, comme en passant, une envie d'ananas — fruit qu'elle n'a même jamais vu —, aussitôt les domestiques et le duc, pris d'affolement, de courir la capitale à la recherche de cette denrée aussi rare qu'exotique. Au XIXe siècle encore, la vogue des grands magasins aidant, la compréhension va jusqu'à couvrir la cleptomanie avérée de femmes enceintes alléguant quelque envie irrépressible.

« Madame éprouve-t-elle le désir vif et poignant d'aller au bal masqué? Hâtez-vous de lui procurer un domino, un masque et tout l'attirail du bal; car sans cela, qui sait si votre chère progéniture ne viendroit pas au monde avec un nez en carton et un menton de taffetas? »
Jean-Baptiste Salgues, *Des erreurs et des préjugés répandus dans la société*, 1811.

Les taches appelées «envies» ou «seings» ont le plus souvent la forme d'un fruit comme les « cerises, fraises, meures, figues, raisins, melons, abricots » et, chose vraiment extraordinaire, ajoute Paré, les taches rougissent, se font plus nettes à la saison même où ces fruits mûrissent.

Les dessins qui forment les nævi sont parfois d'une redoutable précision, d'un réalisme saisissant. Pierre Darmon cite tel docteur, qui vit sur le visage d'une femme « la figure d'un lièvre que poursuivoit un chien de chasse; ces deux animaux étoient peints d'après natuire »; telle autre a sur le cou une chenille « à ne pouvoir s'y méprendre, les poils droits et cette belle variété de couleur qui caractérise cet insecte ». Plus surprenant encore, les régimes politiques qui se succèdent ont aussi la faculté d'impressionner la peau des nouveau-nés : ce sont les gravures dermiques de fleurs de lys, qui précèdent celles de bonnets phrygiens, eux-mêmes bientôt supplantés par les emblèmes napoléoniens, aigles ou abeilles. Les journaux de l'époque ne manquent jamais d'explication, qui soulignent ici la particulière ferveur royaliste de la mère, là la dévotion extraordinaire exprimée pour l'empereur, tandis que les comités révolutionnaires décernent un brevet de bonne citoyenne à la génitrice.

La vertu imaginative

OUTRE les envies non satisfaites, les frayeurs, les émotions trop vives et, plus généralement, toutes les impressions ressenties par la femme enceinte se répercutent quasi automatiquement sur l'enfant à naître par l'effet de la « vertu imaginative ».

« Nous voyons par expérience les femmes envoyer aux corps des enfans qu'elles portent au ventre des marques de leurs fantasies, tesmoing celle qui engendra le more. Et il fut présenté à Charles, Roy de Boheme et Empereur, une fille d'auprès de Pise, toute velue et herissée, que sa mere disoit avoir esté ainsi conceuë, à cause d'une image de Sainct Jean Baptiste pendue en son lit », écrivait Montaigne : il faisait allusion à cette princesse athénienne qui, ayant accouché d'un enfant noir (le more), fut accusée d'adultère, puis défendue et absoute grâce à Hippocrate qui expliqua le phénomène par la présence dans la chambre d'un portrait de nègre.

« Dans l'Inde centrale où la peur d'être fécondée par l'ombre est très répandue, les femmes enceintes évitent de passer sur l'ombre d'un homme, de crainte que l'enfant ne ressemble à cet homme... » Otto Rank, *Don Juan, une étude sur le double.*

« L'imagination féminine, pense Paracelse, ressemble à la puissance divine, ses désirs extérieurs se reproduisent sur l'enfant. » À partir de là, tout devient possible et cohérent; toutes les curiosités, tous les désordres, tous les errements sont susceptibles de rencontrer une explication «raisonnable».

« Une honnête femme de Châlons met au monde un enfant qui ressemble trait pour trait à l'évêque du lieu, rapporte Pierre Darmon. En fait, “ elle ne cessait, dans les premiers tems, et pendant tout le cours de sa grossesse, de répéter, à qui voulait l'entendre, qu'elle mourait d'envie de baiser ce vertueux prélat ”... » De même, narre-t-il encore, « pendant l'occupation de la Picardie par les troupes de Charles Quint, les femmes, selon Aldrovandi, même celles de la haute société, mirent au monde des enfants qui avaient les sourcils et les cheveux noirs et crépus semblables à ceux des soldats espagnols qu'elles avaient... seulement vus », Espagnols qui avaient dû fortement les... «impressionner»!

Fort heureusement, écrit Ambroise Paré, « on voit le plus communément les enfans ressembler plus au pere qu'à la mere, pour la grande imagination et ardeur qu'a la mere en la copulation charnelle : tellement que l'enfant attire la forme et couleur de ce que si fort elle connoist et imagine en son entendement : comme il advint de la Royne d'Ethiopie, laquelle en la copulation de son mary, imaginant une couleur fort blanche, enfanta un fils blanc. »

La rétine de la femme enceinte étant comme une surface sensible sur laquelle vient s'enregistrer la scène qui se projette ensuite sur le petit à naître, des choses vues (ou entendues) ressortent volontiers par les voies génitales après avoir marqué l'enfant, véritable récepteur et miroir des peurs et traumatismes maternels. Toutes les visions, tous les rêves, un tourment quelconque peuvent se frayer un passage jusqu'au fœtus emprisonné dans le sein maternel. Chaque sensation peut influencer l'enfant, lui imprimer une marque, laisser une trace, apposer sa signature.

Laurent Joubert, dans *Des erreurs populaires touchant la médecine*, publié en 1587, relate une anecdote cannibale aux conséquences assez surprenantes : « On conte d'une femme d'Auvergne, qui eut grande phantaisie de manger de la chair d'un bouchier, qui montrait ses bras descouverts fort blancs et charnus. Elle contrainte de ce fol appétit, le dit au bouchier qui fut si pitoyable que sur le champ, il tailla un loupin de chair de cuisse et le luy donna. La femme bien joyeuse la mangea tout à l'instant, ainsi creue, et la voilà fort contente. Elle fit deux enfans masles, desquels un avoit comme une pièce de chair au bout des lèvres; et l'autre avoit tousjours la bouche ouverte et béante. Cesluy-ci

Hippocrate.

Femme enceinte attaquant un boucher, *caricature de Honoré D'aumier (1808-1879).*

n'eut sa part du morceau laquelle pend à la bouche de l'autre... »

Tous les auteurs après Malebranche, sans exception, citent le cas de cette femme qui, apprenant qu'on devait rouer un condamné, désira assister à l'exécution; elle mit au monde « un idiot dont le corps était rompu aux mêmes endroits où l'on rompt les criminels ». Les coups infligés au malfaiteur avaient «résonné» dans le corps de la mère, et, par contrecoup, « les mouvements impétueux des esprits animaux de la mère dilatèrent avec force son cerveau et se communiquèrent aux diverses parties de son corps qui répondaient à celles du criminel. Mais les os de la mère purent résister à l'impétuosité des esprits, tandis que leur cours rapide a été capable de briser cette tendre partie des os de l'enfant. Et il faut observer, conclut notre philosophe, que si cette mère eut détourné le mouvement des esprits vers quelque autre partie de son corps, en se chatouillant avec force le derrière par exemple, son enfant n'aurait point eu les os rompus. » On pense généralement en effet que l'endroit du corps où est placée la main de la mère au moment où elle reçoit le choc conditionne, comme par un curieux effet d'osmose, l'emplacement même de la trace, sur la peau, que reçoit l'enfant au même moment.

En 1903, un certain docteur Morache, professeur de médecine légale, expliquait encore des phénomènes assez curieux :
« La théorie de l'imprégnation des germes est un fait scientifiquement démontré, même dans l'espèce humaine.
La femme qui, antérieurement, a subi une première conception, peut présenter, chez le produit de la conception suivante, et même dans plusieurs successives, des conditions, des ressemblances rappelant le premier géniteur. Celui-ci a comme imprimé son cachet personnel sur les produits ultérieurs de la mère. Ce stigmate peut être long à s'effacer complètement. »

Des monstres

DE tout temps, partout dans le monde, la naissance d'un être monstrueux a inquiété et souvent fasciné les populations.

Tant il était impossible pour la mentalité médiévale de concevoir l'organisation déviante comme un produit du hasard ou d'un accident, le monstre, s'il représente un écart par rapport à la norme, n'en reste pas moins une exception : Dieu, en transgressant les cadres dans lesquels il se plaît ordinairement à renfermer les formes de la Création, tient à réaffirmer ainsi sa toute-puissance infinie. Au Moyen Age, comme pour toute chose, les raisons d'une conception monstrueuse sont détenues par Dieu, et souvent interprétées comme le résultat d'un châtiment divin. La femme est punie puisqu'elle a enfreint une loi sacrée, qu'elle a commis quelque péché mortel; elle a fait l'amour pendant ses règles — elle était encore impure et souillée —, un dimanche, un jour de fête ou de jeûne. Elle est alors tourmentée dans son enfant afin que, par cet exemple, indice d'un autre ordre, elle revienne sur les chemins de la vraie foi. Nombreux furent les cas où la naissance d'un enfant anormal fut suivie de la mise à mort, sur le bûcher, de la mère, coupable d'amours illicites, et de son enfant.

« Ce que nous appelons monstres ne le sont pas à Dieu, qui voit en l'immensité de son ouvrage l'infinité des formes qu'il y a comprinses; et est à croire que cette figure qui nous estonne, se rapporte et tient à quelque autre figure de mesme genre inconnu à l'homme. De sa toute sagesse il ne part rien que bon et commun et reglé; mais nous n'en voyons pas l'assortissement et la relation. »
Montaigne, *Essais*.

Voir ou toucher un animal peut aussi susciter un effroi tel qu'il en résulte une naissance monstrueuse. Depuis le Moyen Age, la croyance est générale que la naissance d'un enfant affligé d'un bec-de-lièvre est conséquence de la rencontre malheureuse de la mère avec ce rongeur maléfique. Si une femme accouche d'un enfant à tête de grenouille, c'est qu'elle a tenu quelque temps un batracien dans ses mains, qu'un mauvais plaisant en a exhibé un, qu'un crapaud lui a sauté inopinément à la figure, etc. Mais il suffit aussi que le mari, en la copulation, se comporte de manière bestiale, imite le porc, le chien ou le singe... Les récits populaires, les rapports des

Métisse, *gravure publiée dans un des suppléments à l'*Histoire naturelle *de Georges Louis Leclerc, comte de Buffon (rédigée entre 1744 et 1788).*

médecins, les comptes rendus des académies regorgent de chimères et d'êtres hybrides, mi-hommes, mi-bêtes; ce sont les enfants à tête de chat, le « monstre ayant la tête d'un ours et les bras d'un singe », l'« homme qui a les mains et les pieds d'un bœuf », l'« homme-porc-épic » aux poils durs et hérissés sur tout le corps, l'« homme à peau de serpent », etc.

Ce sont toujours, au début du XIXe siècle, une fois la classification tératologique établie par Isidore Geoffroy Saint-Hilaire, les étymologies et les métaphores animalières qui subsistent : il y a le phocomèle (« membre de phoque »), le sirénomèle (« membre de sirène »), l'aspalosome (« corps de taupe »), le cébocéphale (« tête de singe »), etc.

Depuis l'Antiquité — où l'on classait simplement les monstres en deux catégories, par excès ou par défaut, correspondant au départ, on l'a vu, à surabondance ou au contraire à pénurie de matière séminale —, de nombreux auteurs, parmi lesquels Plutarque et Pline, ont conté des histoires d'accouplements réussis et d'unions fécondes entre hommes et animaux. Ces fables seront le plus sérieusement du monde analysées et doctement discutées par les «scientifiques» pendant des siècles. Ainsi Fortunio Liceti, grand professeur de Padoue, affirmait-il en 1616, dans son *Traité des monstres*, que « les sens et l'expérience lui ont fait voir qu'après qu'un scélérat se fut accouplé avec une Vache, la Vache en fut emplie, et il en sortit un Garçon semblable en tout à un parfait homme, n'ayant seulement que l'inclination d'une Vache à paistre et à ruminer l'herbe des prez ». Lisant dans Pline qu'une femme qui s'était accouplée avec un éléphant a mis au monde un éléphanteau, Liceti restait sceptique. Pourquoi? Nullement pour des raisons de compatibilités physiologiques ou biologiques; c'est plutôt que — tout le monde connaît les mœurs réservées de cet animal — l'éléphant est d'ordinaire fort chaste et timide : « Il se cache avec beaucoup de soin pour faire l'amour, comment pourroit-il donc engrosser une femme? »

« C'est une opinion très répandue et confirmée par les témoignages directs et indirects que les sylvains et les faunes, vulgairement appelés incubes, ont souvent tourmenté les femmes, sollicité et obtenu d'elles le coït. » Saint Augustin, *la Cité de Dieu*.

Plus grave, car de conséquences autrement plus dramatiques, la grande époque où sévit la chasse aux sorcières accrédite l'idée qu'une femme peut s'accoupler avec les démons, encore appelés incubes, qui sont accoutumés à prendre forme bestiale. Les femmes

Femme accouchant d'un chien. France, XVe siècle.

qui font commerce avec Satan et se livrent à des actes répréhensibles lors de messes noires ou de sabbats commettent maintes abominations contre nature avec des ours — dont la particularité, selon Guillaume d'Auvergne, est de produire une semence conciliable avec une fécondation humaine —, mais aussi avec des singes, des ânes, des porcs ou des boucs… Elles engendrent à terme autant d'animaux ou de monstres hybrides.

Plus généralement, tant l'ignorance, la bêtise, la frustration, la misogynie inspirée des Écritures, de l'anatomie et de la philosophie, l'angoisse et la peur ressentie face au « continent noir » sont enracinées, la démonologie pense que tout, absolument tout, peut

Femme accouchant de lapins. Détail d'une gravure de William Hogarth (1697-1764) faisant directement allusion à l'affaire Mary Tofts. Cette dernière prétendait avoir accouché d'une portée de lapereaux.

sortir du ventre d'une femme : des œufs de poule, des tronçons d'ivoire, des dents, des touffes de poils, des lapins, des oiseaux ou des poissons, des crustacés, une écrevisse, un loir, un tibia, une flamme, des boules de feu… quand ce ne sont pas de petits diablotins en personne et par milliers.

Ambroise Paré n'échappe pas aux préjugés de son temps : les démons peuvent « décevoir avec épaisses nuées qui brouillent notre esprit fantastiquement et nous trompent par impostures sataniques, corrompans notre imagination par leurs bouffonneries et impiétés… Ils se transmuent en mille façons et entassent au corps des personnes vivantes mille choses estranges, comme vieux panneaux, des os, des ferrements, des clous, des espines, du fil, des cheveux entortillés, des morceaux de bois, des serpents et autres choses monstrueuses, lesquelles ils font souventes fois sortir par le conduit de la matrice des femmes. »

Les rapports sexuels

SAVOIR si la femme peut continuer à avoir des rapports sexuels pendant sa grossesse est une question qui agita les esprits et donna lieu à de multiples controverses. Si l'Ancien comme le Nouveau Testament ne les condamnent pas, les théologiens et les médecins, eux, en débattront longtemps. Mêlant raisons médicales, morales et religieuses, les opinions divergent et entraînent parfois invectives et moqueries personnelles.

Hippocrate, déjà, les jugeait bénéfiques; Aristote, en revanche, estimait qu'ils rendaient l'accouchement plus difficile.

Le *Talmud*, considérant que « le fœtus est dans la région inférieure de l'utérus les trois premiers mois, dans la région moyenne les trois mois suivants, puis dans la région supérieure », interdit aux juives tout rapport sexuel pendant les trois premiers mois : à ce moment, ils seraient nuisibles aussi bien pour la mère que pour l'enfant. On les autorise pendant les trois derniers mois, car ils deviennent avantageux pour la mère et pour l'enfant, qu'ils fortifient. Pendant les trois mois intermédiaires, ils sont nuisibles pour la mère mais bienfaisants pour l'enfant.

Les théologiens craignent que, pendant l'acte sexuel avec sa femme enceinte, le père ne soit «en contact» avec un être non baptisé, impur par excellence.

Le Coran les interdit aux musulmanes pendant toute la durée de la gestation, notamment par crainte de superfétation, c'est-à-dire de conception d'un second fœtus alors même qu'un premier est déjà formé.

Le sujet est d'autant plus âprement discuté au cours des siècles que l'idée selon laquelle l'appétit sexuel de la femme culmine lorsqu'elle est enceinte, « fût-elle grosse jusques à la gorge », que cette période correspond au moment de sa plus forte concupiscence, est une opinion largement répandue. C'est logique, argumente-t-on,

Le fœtus qui sectionnerait d'un coup de dent le pénis paternel est un fantasme toujours présent.

Arnolfini et sa femme. *Huile de Jacob Van Eyck, 1434.*

puisque alors la semence ne peut plus rejoindre la matrice pour l'imprégner, calmer et éteindre ainsi ses désirs. Rabelais cite un exemple ô combien célèbre : « Comme Julie, fille de l'empereur Octavian, ne se abandonnoit à ses tabboureurs sinon quand elle se sentoit grosse, à la forme que le navire ne reçoit son pilot que premierement ne soit callafatée et chargée. Et, si personne les blasme de soy faire rataconniculer ainsi suz leur groisse, veu que les bestes suz leur ventrées n'endurent jamais le masle masculant, elles responderont que ce sont bestes, mais elles sont femmes. »

Les hommes d'Église, qui sont généralement opposés aux relations sexuelles pendant la grossesse, ne manquent pas d'arguments, et prennent en exemple le monde animal, qui donne en la matière la règle de la nature : les femelles pleines s'abstiennent toujours strictement. Les analogies végétales sont également très prisées, et le travail du cultivateur comme la lente germination du sol, servant de modèle, sont cités en référence. « Quand le champ a été ensemencé, on doit le laisser tranquille jusqu'à ce que la moisson ait été faite », écrit Clément d'Alexandrie.

Le rapport sexuel pendant la grossesse est condamné parce qu'alors il est devenu évidemment stérile et ne répond plus à la nécessité de la génération. Toute émission séminale inutile étant considérée comme une insulte faite à Dieu, créateur de toute chose, on craint aussi que le fœtus ne soit atteint, «souillé» par la semence « superflue et perdue ». Le mari qui continue à aimer sa femme ne la considèrerait plus comme une épouse, la mère de ses enfants, mais comme une maîtresse, une amante ou une prostituée; il commet l'impardonnable péché de luxure.

Pourtant, dès le Moyen Age, certains théologiens particulièrement évolués font montre d'une plus grande tolérance, voulant principalement éviter que le mari ne cherche ailleurs satisfaction, et conseillent des actes et des positions habituellement dites contraires à la nature : « Si l'épouse est enceinte, écrit Pierre de La Palud, et si l'on a peur de suffoquer le fœtus, et si pour cela on n'ose pas accéder à elle par la partie antérieure, on ne pèche pas mortellement en accédant par l'autre côté pourvu qu'on ne fasse un mauvais

« Celui qui, dans cet état, ne lui témoigne que peu de complaisance, ne connaît pas assez ce qu'il faut respecter; mais celui qui outrage une femme enceinte est un monstre inhumain, qui fait horreur à tout le monde, et que la société devrait bannir… »
M. Froger, curé de Mayet, *Instruction de Morale, d'Agriculture et d'Économie*, 1769.

Maternité. Côte d'Ivoire.

usage du petit vase mulièbre et que l'on ne répande pas la semence à l'extérieur. »

Les médecins ont des avis contraires. Au début de la grossesse, affirment les uns, les rapports sexuels sont dangereux eu égard à la fragilité de l'embryon, à cause des mouvements violents, des chocs que ressent celui-ci et qui mettent sa vie en péril, les secousses risquent d'entraîner un avortement ou de rendre l'enfant idiot. Les autres les estiment bénéfiques, voire nécessaires, puisque ainsi le père continue à participer au «modelage» ou au «façonnage» de l'enfant, lui imprime sa marque propre et contrebalance les effets de la seule empreinte maternelle. Pendant les derniers mois, jugent leurs adversaires, ils sont nuisibles, car ils peuvent provoquer des fausses couches ou des naissances avant terme. D'autres soutiennent en revanche que, durant cette période les rapports, qui agitent l'enfant, le préparent à l'accouchement : dilatant le col de la matrice, ils lui ouvrent le passage et facilitent sa sortie. On retrouve exactement les mêmes hésitations et les mêmes préjugés dans les sociétés extra-européennes. Pour certaines civilisations, notamment là où règne la polygamie, la prohibition des rapports sexuels commence dès que le mari prend connaissance de la grossesse de sa femme et dure parfois jusqu'au sevrage de l'enfant, souvent fort tardif. Ainsi, chez les Massaï d'Afrique orientale, si un homme, enfreignant cet interdit, provoque un avortement, il subit un châtiment codifié : toutes les femmes du voisinage se réunissent, s'emparent du coupable, le déshabillent et le fouettent, puis tuent de nombreux animaux de son troupeau en les étranglant ou en les étouffant avec leurs vêtements.

Dans d'autres civilisations, chez les Bajau, par exemple, on encourage les rapports sexuels puisqu'on pense que le père joue le rôle essentiel dans la conception puis le développement embryonnaire et que, s'il n'agit pas ainsi, l'enfant naîtra dans un état de faiblesse extrême, ou viendra au jour encore incomplet, inachevé, et qu'il pourra lui manquer des membres.

Par ailleurs, depuis Démocrite, la croyance est générale que deux émissions séminales trop rapprochées, étant cause d'excès de matière, provoquent la naissance de monstres doubles, accolés l'un à l'autre, de sœurs ou de frères siamois.

On pensait d'autre part communément que les jumeaux étaient

Double Enfant
et Enfant à deux têtes,
gravures de F. Regnault.

l'indice d'une double paternité et provenaient nécessairement de deux pères différents.

Croyance occidentale partagée par de nombreuses peuplades, qui estiment que, si le premier-né a bien été engendré par le père légitime, le second l'est d'un rapport adultérin ou des œuvres d'un esprit malin, d'un sorcier, d'un animal ou d'un dieu.

Ainsi, les Dayak de Bornéo pensent que l'un des jumeaux est engendré par la pénétration à l'intérieur de la matrice déjà gravide de l'esprit d'un serpent ou d'un singe; c'est pourquoi lorsque l'on juge que le ventre de la femme présente un volume annonciateur d'une naissance double, on provoque systématiquement l'avortement.

Préjugé retrouvé comiquement chez Diderot : « Madame une telle est accouchée de deux enfants à la fois. Chaque père aura le sien… Et vous croyez que cela dit, redit et entendu tous les jours, échauffe et conduit aux grandes choses? »
Le Neveu de Rameau.

Dans certaines tribus africaines, et autrefois au Japon, la conception et la naissance de jumeaux sont des phénomènes monstrueux et répugnants et on assimile leurs mères à des animaux qui, seuls, ont plusieurs petits par portée. Souhaiter à une femme d'attendre des jumeaux ou lever simplement deux doigts en la regardant revient à lui jeter un sort effroyable; c'est une offense grave, qui signifie : « ventre d'animal ».

Allégorie à la nature, 1793.

Prescriptions et usages

LA conduite à observer vis-à-vis de la femme enceinte, le respect qu'on doit lui témoigner trouvent leur origine dans l'Ancien Testament. La loi du talion, devenue proverbiale, qui impose au châtiment d'être égal à l'offense, est définie à l'occasion des préceptes à respecter à l'égard de la femme gravide : « Lorsque des hommes, au cours d'une rixe, bousculeront une femme enceinte qui de ce fait avortera, mais sans en mourir, l'auteur de l'accident devra payer l'indemnité imposée par le maître de cette femme et il la paiera par l'intermédiaire d'arbitres. Mais si elle en meurt, tu donneras vie pour vie, œil pour œil, dent pour dent, main pour main, pied pour pied, brûlure pour brûlure, meurtrissure pour meurtrissure, plaie pour plaie. » (*Exode*, XXI, 22)

En Grèce ancienne, à Athènes, la maison de la femme en état de grossesse était regardée comme un lieu d'asile inviolable, un sanctuaire sacré où même le criminel trouvait un refuge assuré; à Sparte, on évitait à la gestante le spectacle de luttes et de circonstances violentes, tout événement ou image qui pouvaient l'impressionner.

Flacon de seigle ergoté utilisé par les sages-femmes contre les hémorragies de l'accouchement.

Chez les Romains, les femmes enceintes étaient dispensées de s'écarter, comme chacun devait le faire, au passage des magistrats, elles avaient le pas sur les hommes les plus honorés afin que dans leur empressement à se garer, elles ne risquent pas quelque chute qui fût préjudiciable à leur état. À la porte de leur demeure, on suspendait des guirlandes ou des couronnes de laurier qui prévenaient toute visite fâcheuse, leur maison était interdite même aux gens de justice et aux créanciers.

On retrouve dans de nombreuses civilisations l'idée que la femme enceinte a droit au repos, et certains peuples comme les Pueblos d'Amérique du Nord, les Indiens du Mexique, les habitants des îles micronésiennes interdisaient tout travail à la femme en état de grossesse.

Chez les Aztèques, on disait du ventre de la femme enceinte qu'il était le réceptacle d'une pierre précieuse ou d'une riche plume.

En France, au XVIIIe siècle, les médecins, s'adressant essentiellement aux familles aisées habitant les villes, se font de plus en plus les chantres d'une sollicitude appuyée, poussant parfois jusqu'à la caricature. Les femmes enceintes, « situées au-dessus de l'humanité ordinaire », doivent devenir l'objet d'une bienveillance active, d'un respect religieux, d'une sorte de culte; elles sont les « cassettes splendides qui renferment un joyau inestimable » ou les « couveuses adorées de nos progénitures ». Tandis qu'une loi du 28 germinal an III admet l'irresponsabilité partielle de la femme enceinte, le docteur Marc, après la Révolution, propose que les femmes fécondées — tant que leur bonheur n'éclate pas aux yeux de tous — portent un signe distinctif que chacun devrait apprendre à reconnaître et à honorer. Surprotégée, infantilisée, déresponsabilisée, la future mère devient l'objet de toutes les préventions.

En Forêt-Noire, la femme enceinte pouvait aller librement dans les jardins potagers et cueillir ce que bon lui semblait à condition de manger sur place.

Pour la défendre de tout accident malheureux et de la fameuse vertu imaginative, il faudra d'abord lui éviter les peintures de démons, ainsi que la contemplation du Christ sur sa croix, les rencontres avec des mendiants, des estropiés, des mutilés, des borgnes et généralement tout handicapé, les animaux effrayants tels que les grands chiens ou les taureaux. Elle ne devra pas entendre le son de cloches funéraires ni les appels à l'incendie. Elles ne devra pas participer aux fêtes populaires ni aux jours de liesse et

Telle femme accoucha d'un enfant « dont le côté gauche était ulcéré et saignant, parce que, enceinte de quatre mois, elle avait été vivement frappée par la plaie saignante d'un crucifix ».

Médailles de protection de sainte Anne et saint Stéphane.

de mardi gras. Elle évitera les carnavals, les bals et les vendanges. On l'empêchera, naturellement, d'assister aux exécutions capitales et aux enterrements, d'aller voir des cadavres à la morgue mais aussi les animaux au zoo; on lui interdira les danses, spécialement la valse, les manèges et la balançoire...

Les préceptes religieux se font tolérants à l'égard de la femme enceinte : le *Talmud*, dans sa volonté de ne pas aller contre les envies de la mère et dans l'intérêt de l'enfant, tolère que celle-là consomme des aliments prohibés tels que le jambon, bien que ce signe présage que l'enfant sera un impie. Le Coran indique que la femme, pendant sa grossesse, peut se dispenser du jeûne lors du ramadan si elle ne peut le supporter — pourtant, précise-t-il, les bonnes musulmanes sont aidées par Dieu dans cette épreuve. L'Église admet qu'une femme enceinte reste assise pendant tout le déroulement de la messe.

Armoise dite herbe de la Saint Jean, excite l'émoi aux femmes et facilite l'accouchement. Elle nettoie et fortifie la matrice, et abat les vapeurs.

Dans maintes populations, la découverte de la grossesse donne le signal de festins plus ou moins rituels. Ainsi chez les anciens Pascuans, au troisième et au cinquième mois de la grossesse — mois réputés favorables —, le beau-père offrait-il à sa bru des intestins de poulet rôtis sur des pierres incandescentes, mets particulièrement apprécié. Il distribuait ensuite le surplus des aliments aux autres invités. Le père de la future mère, en retour, conviait les membres des deux familles alliées autour d'un banquet. Un lien magique unissait la nourriture consommée en cette occasion et l'enfant à naître, dont la vie était menacée si un rat venait à ronger les reliefs oubliés sur le lieu de la fête.

En Inde ancienne, rapporte Jeannine Auboyer, au cinquième mois, le futur père faisait à sa

Femme enceinte et chandelle votive, Heures Laval, *XVe siècle.*

femme l'offrande des « cinq ambroisies », mélange de sucre, de miel, de lait, de beurre et de caillé, boisson offerte en signe de respect et d'hommage à l'enfant qu'elle portait. Entre le quatrième et le huitième mois avait lieu le *sîmantâkarana*, la cérémonie de la raie dans les cheveux. Lors de ce rituel, destiné à assurer la sécurité du fœtus dans le ventre maternel, l'époux, debout derrière sa femme, lui nouait autour du cou un rameau portant des fruits encore verts, puis, à l'aide d'une soie de porc-épic, séparait soigneusement, trois fois de suite, la chevelure de sa femme par une raie médiane bien rectiligne. À cette occasion, le père, pensait-on, ouvrait dans la partie la plus noble, la tête, le passage que l'âme de l'enfant devait emprunter pour pénétrer dans le sein de sa mère; à ce moment correspondait aussi la formation complète des membres de l'enfant à l'intérieur du sein maternel, ainsi que l'apparition de la conscience et de la sensibilité, qui logent dans le cœur.

Chez les Indiens du Mexique précolombien, des femmes ayant de réelles connaissances obstétricales avaient pour tâche d'assister la femme enceinte pendant toute la durée de sa grossesse. Elles la soumettaient à une véritable préparation psychothérapique, lui prodiguant nombre de conseils d'hygiène et de morale; elles ordonnaient des bains de vapeur — les *temazcalli* —, elles pétrissaient son ventre et effectuaient des manipulations destinées à placer le fœtus dans la position la plus favorable et éviter les présentations difficiles lors de l'accouchement.

Pendant les derniers mois de sa grossesse, et déjà à l'époque romaine, la femme enceinte, qui a parfois l'impression d'être enserrée, encerclée, cernée de liens, porte des vêtements amples pour ne pas gêner le développement de l'enfant, ne pas risquer de l'oppresser.

Puisque l'enfant, pour venir au jour, doit nécessairement passer un col et franchir un passage resserré, on pense généralement que la femme qui attend un bébé doit s'affranchir de toute ceinture, être libérée de toute chaîne et de tout lien. Elle ne devra donc porter ni anneau, ni bracelet, ni lacet qui rappelleraient la fermeture et l'étranglement, elle ne devra faire aucun nœud ni aucune boucle : autant d'interdits symboliques destinés à protéger l'enfant à naître et lui faciliter le chemin vers la sortie. Dans de nombreuses régions

La femme enceinte, le mari et le médecin. *Première moitié du XIIIe siècle.*

du monde, on retrouve un préjugé identique : si la mère porte un ou des colliers, l'enfant dont elle accouchera naîtra avec le cordon ombilical enroulé autour du cou, ce qui risquerait de l'étouffer.

Au contraire, pour d'autres civilisations, il est d'usage courant de bander le ventre des femmes pendant leur gestation. La femme soudanaise enceinte porte une ceinture en peau de python pour ses vertus magiques qui la préservent de tout mal. Les Japonaises portent une ceinture à partir du troisième mois pour éviter que leur enfant ne se développe de façon excessive, ne devienne anormalement gros et ne puisse plus sortir par les voies naturelles. En Haïti, on ceint le ventre de la femme pour empêcher l'enfant de remonter et de dévorer les aliments contenus dans l'estomac de sa mère. En Birmanie, rapporte de Lalung, la ceinture abdominale est destinée à empêcher l'ascension du fœtus dans la matrice. Les Birmans s'imaginent en effet que, au fur et à mesure de son développement, l'enfant s'élève dans l'utérus; dès lors, le chemin qu'il devrait emprunter pour l'accouchement serait plus long, et le travail plus difficile et douloureux.

À l'opposé, si l'on ose dire, une antique coutume pratiquée au Japon veut que la femme enceinte ne se couche que les jambes croisées et maintenues dans cette position pendant toute la nuit à l'aide d'une bande appliquée autour des genoux : précaution indispensable pour éviter que l'enfant n'engage ses jambes dans celles de sa mère!

Amulette de protection en toile passée sous les épaules.

Interdits et pratiques magiques

AU moins au niveau inconscient, très répandue est la pensée métempsycosiste selon laquelle chaque naissance est contrebalancée, selon un équilibre universel, par une mort ayant lieu au même moment, et que la transmigration de l'âme s'effectue d'un corps à l'autre. Témoignant d'une conception de l'univers conçu comme un vaste cycle, une roue sur laquelle se joue toujours l'éternelle disparition et le retour d'une vie, la même, pour de nombreuses pensées magico-religieuses, quand un bébé naît le même jour que s'éteint un vieillard, on en conclut aisément que le nouveau-né aura une vie aussi longue que le défunt. En Lorraine, au XIXe siècle, « lorsqu'au matin une personne rencontrait une femme enceinte, elle ne manquait pas d'en tirer un présage de malheur qu'elle ne pouvait prévenir que par l'insulte; comme si l'enfant en gestation avait constitué une menace directe pour son existence », rapporte Jacques Gélis.

Chez les Indiens guayakis du Paraguay, la femme enceinte, reliée étroitement à son enfant, non encore né, lui-même en communication avec le monde des esprits, est dotée de nombreuses vertus magiques : elle est réputée connaître de nombreux secrets, pouvoir anticiper l'avenir, prédire la mort d'un proche. Elle possède des pouvoirs thérapeutiques très puissants, qui lui sont conférés par l'enfant qu'elle porte. Sa salive, qu'elle applique sur la partie atteinte du corps d'un malade, se révèle être très bénéfique et produit de nombreuses guérisons. En similitude avec certains récits folkloriques de l'Occident ou certaines légendes hagiographiques qui relatent des histoires d'enfants parlant dès l'utérus, on pense, chez les Guayaki, qu'un dialogue s'instaure entre la mère et le fœtus

Tiki porté en bijou pectoral par les femmes maoris de Nouvelle-Zélande. Ce bijou présage une naissance proche.

Akwa ba, figurines de fécondité que porte dans la ceinture les femmes ashanti du Ghana pour favoriser la naissance d'un bel enfant.

in utero. « C'est l'enfant qui lui raconte tout », écrit Pierre Clastres. La femme enceinte, par l'intermédiaire de son futur bébé qui devine et la guide, indique aux chasseurs la direction à suivre pour trouver des cochons sauvages; elle sent aussi, avant les autres membres de la tribu, où se cachent les ennemis, et ses indications sont toujours très attentivement suivies.

Pour les civilisations où fonctionnent les modes de pensée totémiques selon lesquels l'existence de chaque individu est mystérieusement reliée à celle d'un animal, d'une plante ou d'un objet, la période de grossesse est un moment pendant lequel la femme enceinte doit se conformer à toute une série d'interdits et de rites qui touchent en particulier son totem propre. Sous peine d'avortement, de malformation du fœtus ou de naissance d'un enfant mort-né, la femme ne pourra pas consommer la viande de l'animal auquel elle est rattachée — ce qui correspondrait à une espèce d'autocannibalisme —, l'animal concerné propre à la mère et tout le réseau symbolique qui y est associé se transmettant dès la conception à l'enfant qu'elle porte en son sein.

Les animaux comme les serpents, les piverts, les perroquets, les tourterelles, les lapins, les taupes, les écureuils, les chats sauvages ont ceci de commun qu'ils nichent ou gîtent dans des terriers, des cavités d'arbre ou des anfractuosités de rocher. La femme enceinte, reliée à l'une seulement de ces espèces, ne doit en aucun cas consommer la viande de l'animal auquel elle est identifiée, ne doit pas voir «son» animal blessé — ce qui provoquerait chez elle une hémorragie et chez son enfant une blessure équivalente —, comme elle ne doit pas non plus, par exemple, marcher sur une des plumes du volatile ou sur ses déjections. Le mari, s'il peut le plus souvent manger l'animal qui est interdit à sa femme, ne doit toutefois pas le chasser, en aucun cas le tuer. Si la femme enceinte est associée à une plante, elle ne devra pas même la toucher; à un objet, elle ne devra pas le déplacer.

Manger de l'écureuil, animal qui se réfugie dans les trous creusés au flanc des arbres, est interdit aux femmes enceintes chez les Fang du Gabon, explique Claude Lévi-Strauss; le fœtus d'une mère qui en consommerait risque fort d'imiter cet animal en refusant d'évacuer l'utérus. « Le danger le plus redoutable qui menace les femmes enceintes, écrit Tessmann, provient des animaux qui vivent ou qu'on capture dans les trous (que ce soit dans les arbres ou dans la terre). On peut parler à ce sujet d'une véritable *horror vacui*. Si la femme mangeait un animal de ce type, l'enfant pourrait, lui aussi, rester dans son trou, " dans le ventre ", et on devrait s'attendre à un accouchement difficile. De même, pendant cette période, les parents ne doivent pas chercher à retirer des nids d'oiseau du creux des arbres. » Selon une pensée exactement contraire, les Indiens hopis estiment que la viande des belettes et des blaireaux, connus pour creuser des terriers et des galeries en sous-sol afin d'échapper à leurs ennemis, est bénéfique à la préparation de l'accouchement : ils aident l'enfant à « descendre vite ».

Relevant de pratiques superstitieuses, les interdits liés à la mort se retrouvent quasi universellement : la femme enceinte ne doit pas dormir dans le lit d'un défunt récent, ni pénétrer dans une chambre mortuaire, ni voir de cadavre humain, ou encore assister au creusement d'une fosse, à la mise en bière. À ces précautions s'en ajoutent d'autres chez les peuples vivant de la chasse : la femme ne doit pas sentir l'odeur de putréfaction d'une bête morte, ni voir le sang couler de la plaie d'une bête blessée, ni marcher sur la trace laissée sur le sol par la carcasse d'un animal que l'on a traîné, etc.

Attention aux effets pervers du chocolat bu sans modération ! « La marquise de Coëtlogon qui en prit beaucoup a eu un petit garçon noir comme un diable, qui mourut. » Lettre de madame de Sévigné à sa fille, 25 octobre 1671.

Nicole Belmont cite les nombreuses prohibitions qui, dans les sociétés non occidentales, frappent la femme pendant sa grossesse. Concernant le plus souvent le régime alimentaire, elles mettent en œuvre une série de processus de nature imitative, un jeu de correspondances symboliques témoignant d'une logique des similitudes élémentaire. Chez les Bisayan, aux Philippines, la femme enceinte ne doit pas manger de bananes doubles de peur de mettre au monde des jumeaux, s'asseoir sur le pas de sa porte sinon l'enfant refusera de sortir, dormir perpendiculairement aux lames de bambou du parquet sinon l'enfant se mettra en position transversale à l'accouchement, faire la sieste sinon l'enfant deviendra trop gras... Chez les Iban de Bornéo, les futurs parents ne doivent pas installer de barrage ni de filet à poissons sur un cours d'eau, de peur d'une naissance contrariée, planter un bananier de crainte que la tête de l'enfant ne soit trop grosse; lorsqu'elle sort, la mère doit toujours revenir par le chemin qu'elle a emprunté à l'aller... Chez les Siriono de Bolivie, la femme enceinte ne consomme pas de viande de singe hurleur ni de toucan de crainte que son enfant ne pleure sans cesse, ni la chair d'un animal aux mœurs nocturnes, sinon l'enfant refusera de dormir...

Ailleurs, la femme doit éviter de croiser les jambes, sinon le bébé ne pourra pas sortir; elle doit s'interdire de manger de la viande de chameau, sinon sa grossesse durera un an; de la viande d'autruche, sinon l'enfant naîtra avec un cou anormalement long. Le père ne devra pas casser la patte d'une chèvre, d'un chien ou d'un poulet, sinon le nouveau-né aura une malformation à la jambe. Chez les Wayapi, le père ne peut pas, surtout les derniers mois, s'occuper du gros œuvre ou de la charpente de sa nouvelle maison : en effet, toute l'énergie musculaire et spirituelle qu'il investirait dans ces travaux produirait peut-être une maison solide, mais entraînerait aussi la naissance d'un enfant chétif, faible en proportion de ce que son père ne lui aura pas transmis.

Chez les Nyakyusa du Nyassaland (actuel Malawi, la femme enceinte doit se tenir éloignée du grain, des graines, du millet et des haricots; on pense en effet que le fœtus, vorace, avec ses mâchoires béantes, s'en saisirait.

Enfin, il faut noter que, à l'opposé exact du préjugé occidental selon lequel la femme enceinte doit manger pour deux, dans de nombreuses civilisations, chez les Massaï notamment, on ne donne jamais à la future mère de bonne nourriture et toujours avec parcimonie — on lui laisse seulement les os et les restes, on lui coupe le lait avec de l'eau — de peur que l'enfant ne devienne trop gros et ne puisse franchir, à l'heure de l'accouchement, le col de l'utérus.

Poupée en bois gainée de cuir. Jouet de jeune fille et symbole de fécondité, Mossi (Burkina Fasso).

Les techniques de déclenchement

GUILLAUME Mauquest de la Motte, célèbre chirurgien-accoucheur (fin XVIIe-début XVIIIe), décrit dans son *Traité des accouchements* comment l'enfant, vers la fin de la gestation, « fait la culbute », entraîné par l'effet de la pesanteur. C'est en effet une croyance tenace, héritée d'Hippocrate, que l'enfant, se préparant à faire le « grand saut vers l'inconnu », exécute un demi-tour sur lui-même, accomplit une volte-face pour se présenter dans la position idéale, « tête la première ». Mauquest de la Motte est un des premiers à remettre en cause cette théorie du renversement du fœtus : « Tous ceux qui ont écrit de la situation de l'enfant dans la matrice disent qu'il a le dos tourné du côté de celui de sa mère, les talons auprès des fesses, les mains sur les genoux, et la tête appuyée dessus, jusqu'au septième mois. Que dans ce temps-là, la tête venant à s'appesantir par l'augmentation de son volume, elle entraîne le corps par son poids, lui fait faire la culbute, et par conséquent tomber la tête en bas et les pieds en haut; ce qui lui donne pour lors une situation opposée à celle qu'il avait auparavant, ayant alors le visage tourné du côté du dos de sa mère, demeurant au surplus comme il était avant cette culbute, qui est la situation en laquelle il doit rester jusqu'à la fin du neuvième mois, et dans laquelle il doit venir au monde, pour donner lieu à un accouchement naturel, toutes les autres situations étant appelées contre nature. Mais je puis assurer que cette situation est bien incertaine, et que je l'ai souvent trouvée fort opposée à ce qu'en disent tous ces auteurs. »

Savoir pourquoi l'enfant « éprouve tout soudain le besoin de sortir » vers la fin du neuvième mois est une question qui a donné lieu à quantité d'explications extravagantes, plus ou moins

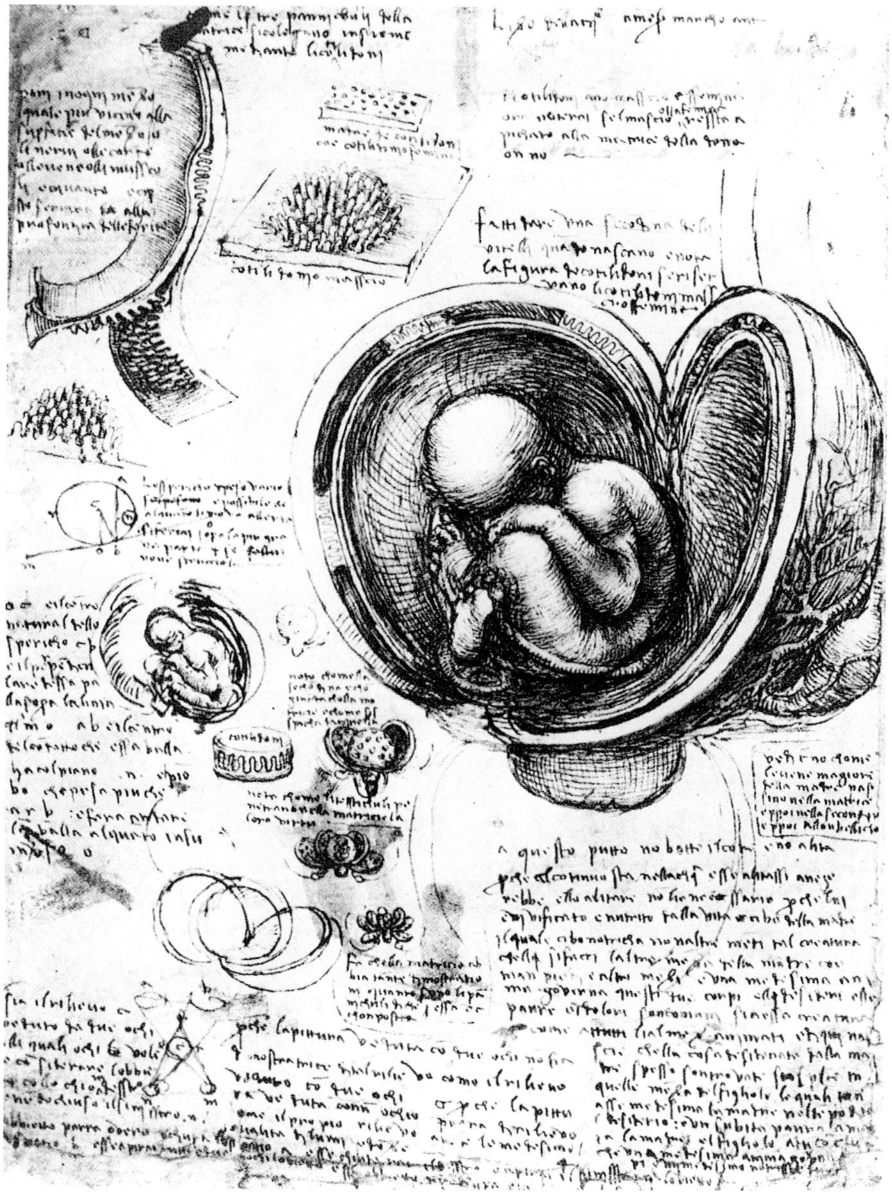

Différentes phases du développement de l'enfant selon Léonard de Vinci.

déterministes : « comme la faim chasse le loup hors du bois », l'enfant, pense-t-on généralement, manquant de nourriture, a grande faim et désire ardemment sortir pour réclamer son dû. Pour certains, sa croissance achevée, se sentant trop à l'étroit et comme gêné aux entournures, il manque de place, souffre de crampes et c'est pourquoi il se libère. D'autres enfin affirment que, la « cuisson au four » lui étant devenue intolérable, l'enfant désire respirer un peu d'air frais. « L'enfant est un fruit qui étant fait de semence se mûrit dans la matrice comme dans une gousse qui s'ouvre quand il

« Aussi celle qui accouche devant le terme enfante difficilement, ainsi qu'un fruit (comme une pomme ou une poire, ou autre) n'estant en sa maturité, tient ferme et fort par sa queuë, et lorsqu'il est en sa parfaite maturité, tombe plustost de l'arbre. »
Ambroise Paré

Prélude à tout accouchement : la femme ressent les premières douleurs. France, XIVe siècle.

est mûr et tout prêt à tomber », écrit un certain Primrose en 1689.

Méconnaissant tout des contractions utérines et de l'écartement de la symphyse pubienne, mais croyant en revanche que les os des hanches et du bassin de la femme se disjoignent ou s'ouvrent au moment où l'enfant s'engage, jusqu'au XVIIe siècle on pense communément que l'enfant est le seul à être actif dans le travail qui s'effectue lors de l'accouchement ; c'est lui qui, « comme le poussin brise sa coquille », est aussi censé déchirer les membranes — raison pour laquelle, répète-t-on inlassablement depuis Hippocrate, la femme accouche toujours beaucoup plus facilement d'un garçon que d'une fille, puisque celui-ci, plus vigoureux et énergique, est capable de faire davantage d'efforts pour « s'extraire de sa prison ». De même, puisque l'on dit que comme un « tronçon de bois emporté par le flux rapide d'un torrent, l'enfant suit les eaux et s'ensuit l'heureux accouchement », les médecins conseillent, le plus souvent, lorsque le travail est long et que « le chorion est dur, de le rompre avec ses ongles, voire avec des ciseaux ». « La comparaison que l'on a trouvée d'une poutre qui est entraînée par la rapidité d'un courant d'eau, qui diminue à proportion de ce courant, et qui reste là où l'eau vient à lui manquer, a assez de rapport à l'heureux accouchement où l'enfant, immédiatement après l'ouverture des membranes, fuit les eaux, ou peu après, c'est-à-dire avant leur entier écoulement », écrit encore Mauquest de la Motte.

On assimile couramment le fœtus à un prisonnier. Les saints patrons des femmes enceintes attendant leur «délivrance» sont aussi ceux des prisonniers : saint Léonard, sainte Marguerite.

Dans son chapitre au titre révélateur et significatif, « Comment l'enfant estant à terme s'efforce de sortir hors du ventre de sa mère », Ambroise Paré résume assez bien les opinions des médecins de son époque : « Quand l'enfant est venu à son terme prefix, alors il a affaire de plus grand nourrissement qu'auparavant, et n'en pouvant tirer par le nombril tant qu'il en a besoin, cela est cause que par une grande impétuosité cherche à sortir hors : adonc il se meut, et rompt les membranes qui le soustiennent : et si elles estoient si dures qu'elles ne peussent rompre, il les faut fendre et deschirer avec les doigts, pour donner libre issue aux eaux et à l'enfant. »

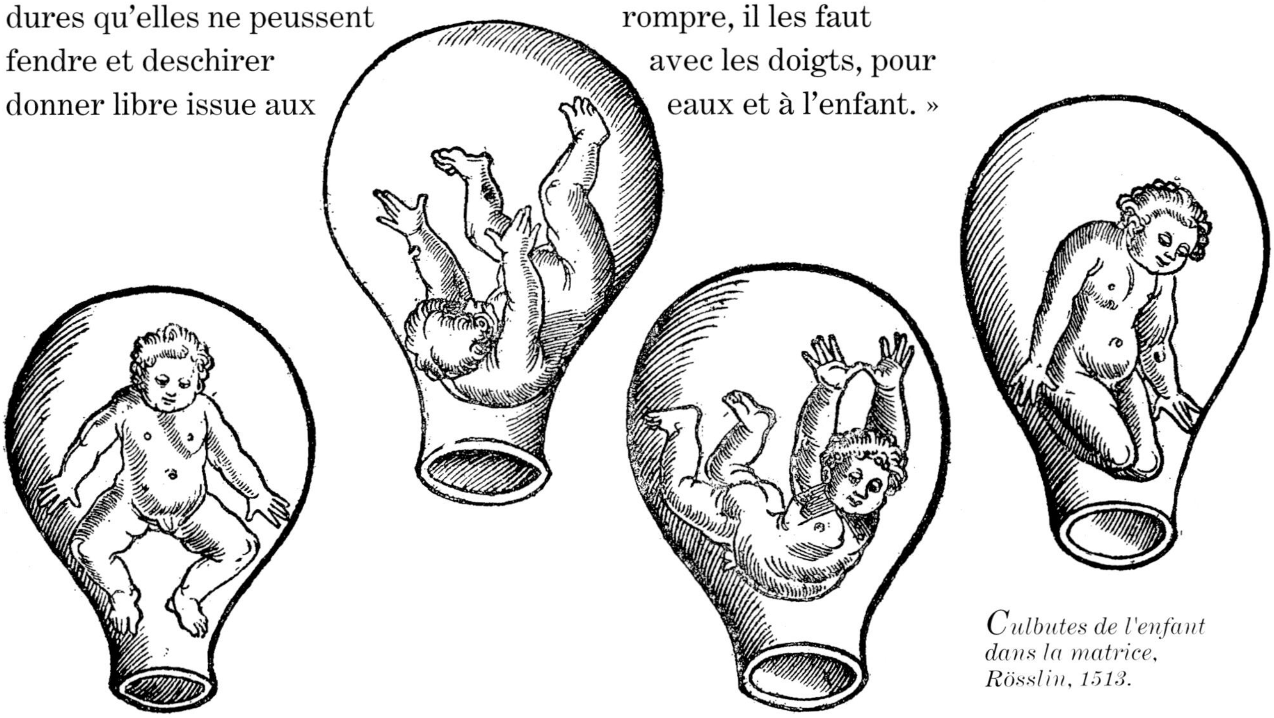

Culbutes de l'enfant dans la matrice, Rösslin, 1513.

Les onctions de crème, de pommade ou de graisse, appliquées autour des « lieux de la nature » sont conseillées à partir du neuvième mois. « Durant un mois, il faut, soir et matin, leur oindre l'abdomen ou bas-ventre ainsi que l'intérieur des cuisses et la région de l'os sacré avec de l'huile de lin ou d'amandes douces, axonge d'oie ou de canard, mucilages de racines de guimauve et de semences de fenugrec tirés en eau.

Six ou sept jours avant l'accouchement, elles prendront un bain de décoction de feuilles de laitue, mauve, séneçon, pariétaire et mélilot, semences de lin, pépins de coing, fenugrec et citrouille, dans lequel elles se tremperont deux à trois fois par jour, cela pour faciliter la dilatation des os ilion et pubis. D'autant que ces os sont plus resserrés contre l'os sacré en celles qui sont âgées, trop sèches, dures et hommasses qu'aux autres desquelles l'habitude est plus molle, tendre et délicate », prescrivait dans son *Traité des hermaphrodites*, en 1612, Jacques Duval, docteur en médecine.

Quand la femme grosse ne peut enfanter « au terme de la nature », les médecins ont l'habitude de conseiller des bains de siège tièdes dans des chaudrons chauds remplis de décoctions préparées à base de plantes aromatiques et émollientes; en effet, si les bains jusqu'au septième mois sont jugés néfastes parce que réputés dilater le col de la matrice, ils sont pour la même raison recommandés quelque temps avant l'accouchement; « la tiédeur ramollit le croupion », écrit-on alors. De même, si l'enfant tarde à sortir, dans l'espoir d'« appâter l'embryon », il est d'usage au moins depuis le Moyen Age de conseiller des fumigations appliquées aux parties génitales; ces subfumigations de bonnes odeurs distribuées à l'aide d'un spéculum percé de trous, mis au point par Paré, composées par exemple de myrrhe, de musc et d'ambre gris, doivent être accompagnées — toujours dans l'optique de faciliter la circulation du haut vers le bas : «chasser» l'enfant d'un côté, l'«attirer» de l'autre — par l'approche près des narines de la femme en attente d'enfant d'odeurs puantes et âcres telles que « bitume judaïque, genêts, plumes de perdrix ou vieilles savates brûlées ».

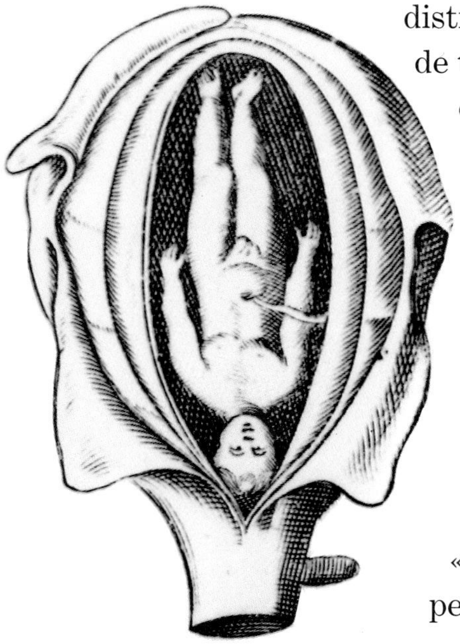

Dans le Sud algérien, les matrones faisaient brûler des poils de lion sous le nez de la parturiente. L'odeur en était tellement désagréable que des nausées violentes apparaissaient aussitôt, qui favorisaient la sortie du fœtus, disait-on.

Enfin, comme pour de nombreuses autres affections, la pratique de la saignée, véritable « panacée universelle », était encouragée sur la femme enceinte pendant toute la durée de sa grossesse, particulièrement aux troisième, sixième et neuvième mois. Jusqu'alors, disait-on, « le fœtus ne peut consommer toute la quantité de sang dont la matrice regorge », comme avant son accouchement puisque alors les saignées soulagent la mère et incitent l'enfant, en mal de nourriture, à sortir au-dehors. Tous les malaises des femmes enceintes étaient attribués à une surcharge d'humeurs, à son état congestif, dûs à la trop grande accumulation dans le corps du sang des règles non évacuées.

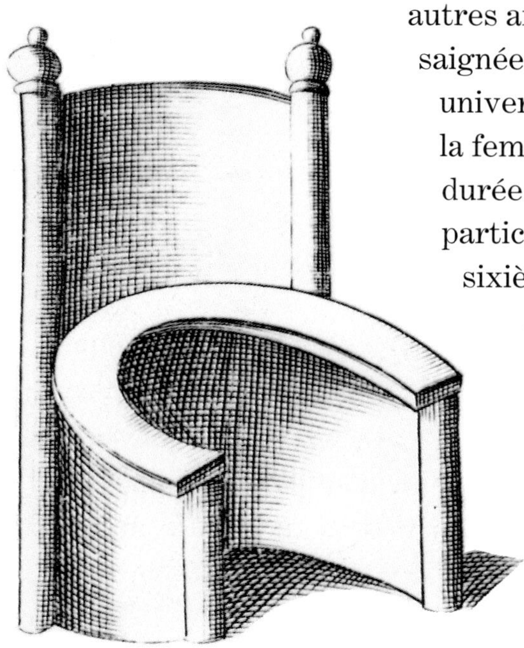

Les quatre étapes préludant à l'accouchement. Somatotomia anthropologica seu corporis humani fabrica, *S. C. Zeidlern, 1687.*

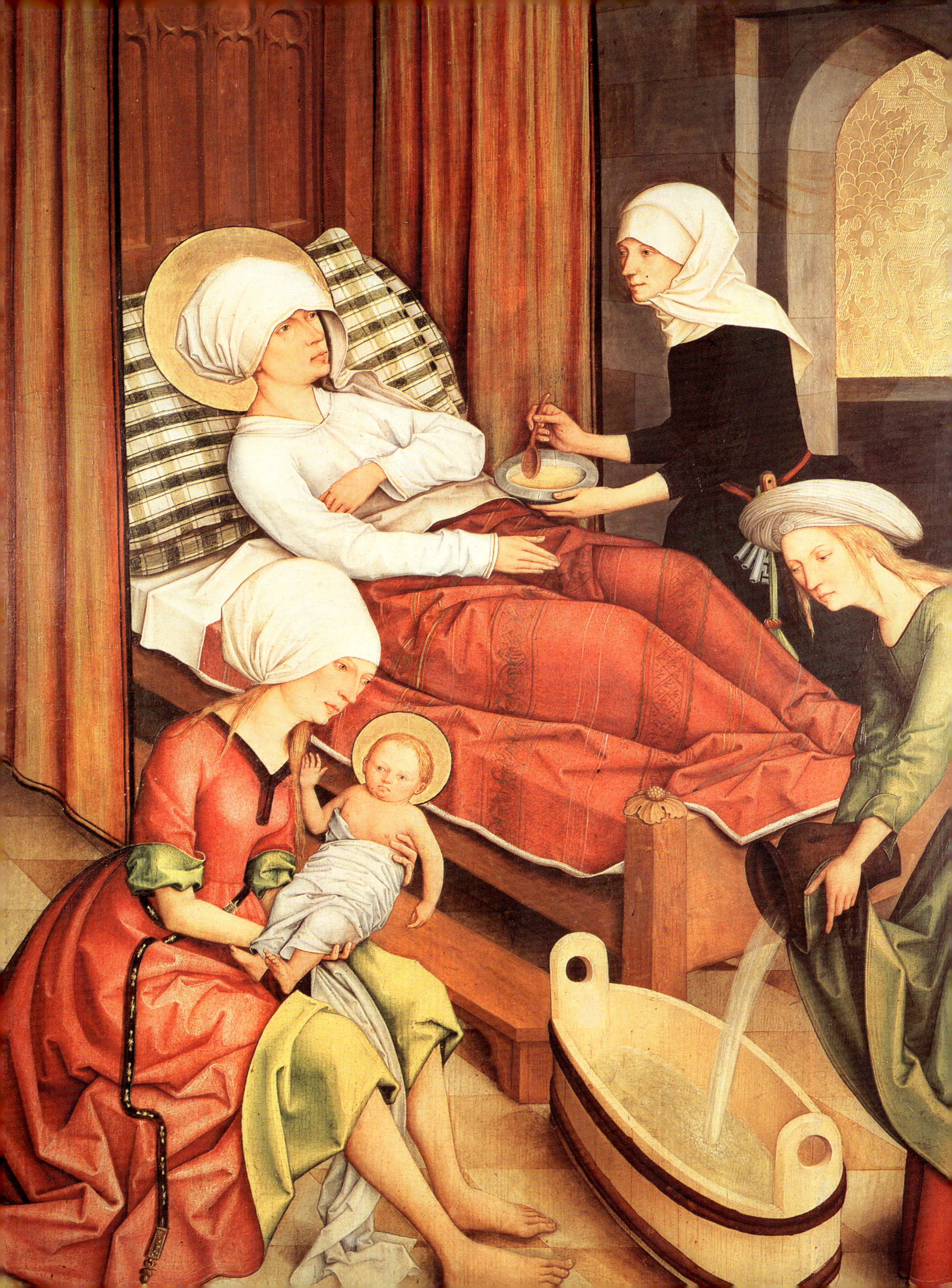

Mettre au monde

Des naissances on en a à revendre! Les énumérer!
« Je suis née ici, je suis née là-bas, je suis née ailleurs,
à l'envers, à l'endroit, au diable, au milieu de,
à l'encontre de, à la place de, à l'étonnement, au grand dam,
au grand remords… », on n'en finit plus!

Robert Pinget
Le Renard et la Boussole

L'accouchement : un passage

EVE, on le sait, s'étant laissé tenter par le serpent maléfique, désirant goûter le fruit de l'arbre de la Connaissance, est condamnée par Dieu à tomber dans l'ordre du biologique : « À la femme, il dit : " Je multiplierai les peines de tes grossesses, dans la peine tu enfanteras des fils. Ta convoitise te poussera vers ton mari et lui dominera sur toi ". » (*Genèse*, III, 16). Les théologiens, à l'envi, commentent le passage : Ève — et après elle toutes les femmes de sa descendance —, déchue, responsable du péché originel, coupable d'avoir corrompu l'humanité, subit comme châtiment les souffrances de la grossesse et les inévitables douleurs de l'accouchement. Saint Augustin est intransigeant sur l'aspect nécessairement doloriste de la gésine et ajoute au côté négatif de la mise au monde, une tombée, son célèbre « *Inter urinas et faeces nascimur* » (« l'homme naît entre les excréments et l'urine »), insistant assez sur l'aspect ordurier — fatalement impur, terrestre — de la génitalité. L'état de la femme enceinte, puis l'enfantement, sont décrits comme un travail, une épreuve, un temps de pénitence. Mais c'est aussi un devoir, un impératif, puisque la stérilité d'une femme mariée est souvent considérée comme une tare, une honte, et ressentie comme une culpabilité. Dès lors et pour longtemps, dans les représentations, la femme en couches est un corps qui souffre, se tord de douleur, hurle immanquablement et crie, noué par la peur et par l'angoisse.

L'accouchement étant ce moment privilégié où un être accède à la vie, c'est évidemment un passage, un état transitoire, où les forces antagonistes de la vie et de la mort se disputent et se livrent un combat aux enjeux décisifs.

Femme en train d'accoucher, probablement Tlazolteotl, *divinité Aztèque, déesse notamment de la Procréation.*

La femme qui meurt en couches, l'enfant mort-né sont des réalités de tous les temps et de tous les pays; l'imbrication étroite entre vie et mort à l'instant délicat de la naissance est un thème récurrent et universel. Les septicémies du post-partum, les hémorragies, les fièvres puerpérales, qui emportaient bien souvent les mères, l'enfant qu'on ne sait ou qu'on ne peut retirer vivant de l'utérus, les césariennes comme les embryotomies ont toujours vivement frappé les imaginations.

« Il existe même des gens qui n'hésitent pas à établir une comparaison entre les probabilités de mort par accouchement et celles qu'offraient aux hommes les batailles de la Guerre mondiale. »
Walter Georg Groddeck,
le Livre du ça.

Profitant du temps périlleux de l'accouchement, se tenant à l'affût, les mauvais génies rôdent alentour et de mauvais sorts sont jetés; les esprits du mal guettent le moment propice, capables qu'ils sont d'exploiter l'état d'extrême fragilité du nouveau-né et la faiblesse de l'accouchée. L'usage ancien, courant en Occident comme en Orient, de balayer soigneusement coins et recoins, sous les meubles et dans les endroits sombres, de fermer précautionneusement portes et fenêtres, de calfeutrer tous les interstices et les ouvertures de la pièce où se trouve la femme en couches, outre qu'il témoigne d'une hygiène élémentaire et du souci d'épargner à la femme froid et courants d'air, manifeste la volonté de chasser les forces maléfiques et les diables qui s'y sont cachés et de barrer la route à ceux qui tentent d'y pénétrer. L'invocation des divinités protectrices qui veillent au bon déroulement des accouchements est aussi un moyen de combattre les influences néfastes, les emprises négatives, d'éloigner les maléfices et de déjouer les intentions malfaisantes des démons ravisseurs d'enfants.

Femme accouchant et hurlant, terre cuite creuse 300-900 apr. J.-C.

Le déchiffrement de certains papyrus égyptiens atteste que, lors d'un accouchement, des incantations étaient récitées pour éloigner de la parturiente les « caresses et enlacements amoureux d'un génie de la mort ».

Une femme aztèque qui mourait en couches devenait aussitôt une *mocihuaquetzque*, c'est-à-dire une femme vaillante, tombée, comme un soldat, au champ d'honneur de la vie. La morte, qui était inhumée comme un guerrier, avait droit au paradis le plus élevé, celui de l'ouest.

À Sparte, la femme morte pendant un accouchement était assimilée à l'homme tombé pour la défense de la patrie et avait droit aux mêmes honneurs.

Au Maghreb, où le Coran juge de la valeur d'une bonne épouse selon le nombre de garçons qu'elle donne à son mari, où la stérilité comme la naissance exclusive de filles entraîne sa répudiation, on dit couramment que l'accouchement est un moment où « la femme a un pied sur la terre et un pied dans l'au-delà ». La souffrance qu'elle éprouve est dite comparable à celle ressentie lors de l'amputation d'un membre. Puisque mourir en couches est considéré comme un acte de foi, et dans la mesure où elles n'ont pas démérité, l'islam réserve aussi une place au paradis aux femmes qui sont décédées en gésine.

Au Maghreb, on laisse pendant quarante jours dans le berceau, sous la couche du nouveau-né, le couteau de cuisine qui a servi à couper le cordon ombilical. Cette coutume est destinée à protéger le nourrisson contre le mauvais œil.

En Perse, Al, un ancien et redoutable démon, terreur de toutes les Iraniennes, raffolait particulièrement du foie des nouvelles accouchées. Pour conjurer sa venue, on plaçait des sabres sous l'oreiller de la parturiente, et les amies qui la veillaient l'empêchaient de s'endormir.

On retrouve exactement la même coutume en France, où, jusqu'au XVIIIe siècle, l'on prenait garde que la femme ne s'endorme après sa délivrance : on craignait que la faiblesse ne l'emporte dans un repos éternel. Les médecins eurent beaucoup de mal à s'opposer à ce préjugé tenace.

En contraste avec cet aspect sinistre et inquiétant, cette abondance de circonstances menaçantes, les médecins et les ethnologues du XIXe siècle s'étonneront naïvement de la facilité avec laquelle les femmes «sauvages», peu sensibles à la douleur, accouchent. Selon eux, c'est leur vie active et leur travail intensif jusqu'en fin de grossesse, ainsi que leur constitution robuste, qui les prédisposent pour ainsi dire « de nature » à des parturitions heureuses; « la durée du travail est en raison inverse du degré de civilisation », ajoutaient-ils parfois.

Georges J. Engelmann, en 1886, dans *la Pratique des accouchements chez les peuples primitifs*, rapporte ingénument quelques histoires qui ressemblent à des récits mythologiques, des fables ou des naissances de conte de fées : « Le docteur Faulkner, qui a passé quelques années chez les Sioux, m'a dit avoir connu une

Un accouchement en pays d'islam. Bagdad, 1237, peint par Al Wasiti. Une sage-femme soutient la parturiente accroupie pendant qu'une autre recueille l'enfant. Au-dessus, le père confortablement installé attend la naissance. En haut à droite, un astrologue. À gauche, un scribe inscrit l'heure et le jour de la naissance.

femme qui, allant chercher un fagot de bois au milieu de l'hiver, accoucha en route, enveloppa l'enfant, le plaça sur le fagot et rapporta les deux colis dans sa hutte, distante de plusieurs miles, sans qu'il en soit résulté le moindre inconvénient. Le docteur Choquette raconte qu'il y a quelques années un parti de Pieds-Plats et de Kootenais, composé d'hommes, de femmes et d'enfants, étant en route pour une chasse par un jour d'hiver très froid, une des femmes laissa la colonne prendre un peu d'avance, descendit de son cheval, étendit une peau de buffle sur la neige, et donna le jour à un enfant; la délivrance se fit instantanément. Elle donna à l'enfant et à elle-même les quelques soins très sommaires que les circonstances permettaient, enveloppa le bébé dans une couverture, remonta à cheval et rejoignit la colonne avant que son absence ait pu être soupçonnée. [...] On peut considérer le chiffre de deux heures (pour un accouchement) comme une moyenne pour les Indiens du Nord-Amérique », précise-t-il immédiatement.

Jacques Gélis rappelle qu'en France, du Moyen Age jusqu'au XIXe siècle, les « perdeuses d'enfants », en milieu rural, partant le matin pour travailler aux champs, surprises dans la journée par les douleurs, accouchaient spontanément, seules, sans le secours de personne, en pleine campagne ou sur le bord des routes, et revenaient à la ferme, la nuit tombée, avec un bébé dans leur tablier. Les gestes leur venaient naturellement, disait-on alors. Telle femme en fin de grossesse ne partait pas cultiver son champ de betteraves sans emporter « dans ses poches une paire de ciseaux et une bobine de fil... Puis, le soir, elle rentrait avec un nouveau-né perché sur les betteraves de sa brouette. Tous ses accouchements se déroulaient de la sorte », rapporte-t-on assez simplement.

Femme accouchant. Statue de bois, Nouvelle-Guinée.

Une affaire de femmes

EVIDEMMENT féminin, mettant en œuvre un réseau de solidarité, un système d'entraide et de réconfort psychologique, l'accouchement est traditionnellement une affaire de femmes. Depuis toujours, les femmes en couches se sont fait aider par d'autres femmes, soit issues de leur environnement immédiat, parentes, voisines ou amies, soit reconnues pour leur expérience ou leurs compétences, matrones choisies ou élues par une communauté, et qui se transmettaient leur savoir oralement, de génération en génération, quelquefois de mère en fille. La profession de sage-femme, avérée chez les Hébreux, et dont parle à plusieurs reprises l'Ancien Testament, est sûrement un des plus vieux métiers du monde. Les hommes sont souvent exclus des accouchements, les maris absents, indésirables ou rejetés. L'image moderne du père fumant nerveusement au salon, dans l'antichambre ou dans la salle d'attente de la clinique, est révélatrice d'un embarras, de la conscience d'une inutilité, de l'impuissance de l'homme en cette circonstance.

« La mode moderne qui convie les futurs pères à assister à la naissance de leur enfant, c'est-à-dire à envisager le sexe de leur épouse non plus comme sexe mais comme organe de la génération, enfreint en fait l'un des plus anciens tabous de la culture européenne (pour ne pas parler de cultures plus anciennes, où ce tabou est sévèrement posé), aussi puissant, à bien considérer, que le tabou de l'inceste. »
Jean Clair, *Méduse*, 1989.

Si seuls, ou presque, les médecins ont écrit des traités d'obstétrique, ce n'est que depuis peu que leur présence a cessé d'être redoutée. Quand intervenaient des complications, que « l'affaire tournait mal », que l'enfant se présentait de manière anormale, alors seulement on faisait appel à eux, mais comme recours extrême, ultime, signe de désespoir.

Représentée sur certaines fresques égyptiennes antiques, la femme en gésine, déesse ou reine, est environnée d'une multitude de compagnes, dont deux seulement jouaient un rôle effectif : l'une, placée derrière elle, la serrait vigoureusement en la tenant à bras-le-corps et pratiquait peut-être certains massages destinés à favoriser l'expulsion; l'autre, de face, attendait la sortie de l'enfant

Les Chinois, soulignant ainsi sa fonction d'accueil, appellent la sage-femme « femme de réception et de bienvenue ».

et aidait à la délivrance. Avec des variantes quant aux positions possibles, ce trio forme une image classique, typique, de tous les temps, et de toutes les régions du monde.

C'est cette disposition qui a cours dans l'ensemble du Maghreb islamisé : la *cheddada*, l'assistante, assise dans son dos, place ses avant-bras sous les aisselles de la parturiente et se croise les mains à hauteur des seins de l'accouchée pour pouvoir la soutenir et la soulever lors du travail. La *qabla*, l'accoucheuse, elle, se tient en face et travaille toujours à l'aveuglette : ses mains sont cachées par le drap qui recouvre pudiquement le ventre et les parties génitales de l'accouchée. En effet, le fait d'offrir la vulve, le périnée, à la vue ou à l'examen serait tout à fait scandaleux et inacceptable — et combien davantage s'il s'agissait d'un homme !

En 1552, à Hambourg, le docteur Wert, qui s'était déguisé en femme pour pouvoir assister à un accouchement, fut repéré par une sage-femme et dénoncé. Il fut condamné à mort pour satanisme puis exécuté.

Pendant longtemps, évidemment, aucune compétence spéciale en matière médicale n'était exigée pour l'exercice de la profession. On demandait, naturellement, que la sage-femme soit irréprochable sur le plan des mœurs; c'était souvent une femme d'expérience, c'est-à-dire agée, ayant eu de nombreux enfants car il fallait qu'elle ait connu elle-même, dans sa chair, les douleurs de l'enfantement; elle était souvent veuve puisqu'elle se devait d'être disponible; elle était robuste, jouissait d'une excellente santé pour pouvoir se déplacer sur les routes par tous les temps et en toute saison, de nuit comme de jour, capable encore de supporter les nuits de veille. Elle faisait montre d'un minimum d'hygiène, avait les ongles rognés, ne portait aucun anneau aux doigts lorsqu'elle travaillait; elle gardait son

Panneau de lit en bois. Georges Lacombe (1868-1916).

De la natiuite de sainte katherine et coment elle fu introduite en lez[tres].
Le roy costus engendra de sa ditte femme nomee Sabinelle une siene seule fille appellee katherine a laquelle sa mere fist aprendre lart de ouurer de soye quelle aprint si

Les premiers soins donnés à l'accouchée par les sages-femmes. Vie de sainte Catherine.

sang-froid en toute circonstance, elle inspirait confiance — chacun la connaissait de réputation —, elle savait les paroles qui consolent et réconfortent.

La sage-femme, qui était au centre d'un réseau de solidarité et jouait un rôle essentiel au sein d'un village, a très vite intéressé l'Église. Celle-là, dans sa volonté permanente de régenter et d'agir sur les consciences, se méfiant de ces femmes qui avaient le privilège de pénétrer dans tous les foyers et d'influencer les mentalités, tentera de contrôler la profession et ses pratiques. La sage-femme devra bientôt, et impérativement, être de religion catholique, apostolique et romaine, être assermentée par le curé pour qu'en cas de menace pesant sur la vie de l'enfant elle soit capable de réciter les formules propres à assurer son baptême.

La sage-femme, Henry Bonnart (1678-1726)

La démonologie, comme certains récits populaires, témoigne de la crainte de la mauvaise matrone, de la sage-femme sorcière. En accointance avec le diable avec lequel elles ont conclu un pacte, certaines sages-femmes étaient davantage soucieuses de pratiquer des avortements que d'assurer des accouchements réussis; elles se livraient à des meurtres rituels sur les nouveau-nés en leur enfonçant des aiguilles dans le corps, les vouaient à Lucifer, emportaient avec elles les petits corps, qu'elles faisaient rôtir, puis mangeaient leur chair, elles faisaient bouillir dans des chaudrons des bébés non baptisés, avec lesquels elles préparaient des soupes ou des mixtures consacrées à Satan, elles utilisaient la graisse des nouveau-nés pour préparer des onguents aux propriétés malfaisantes, dont elles enduisaient le manche de leur balai et lubrifiaient leurs propres parties génitales.

Puisque la femme, en se faisant accoucher par un homme, peut perdre cinq vertus — la pudeur, la pureté, la fidélité au mariage, le bon exemple et la mortification —, puisque le chirurgien accoucheur profite souvent de sa qualité pour se livrer à des attouchements qui incitent à la lubricité, jusqu'à la fin du XVIIIe siècle, il est jugé tout à fait déshonnête, indécent et méprisable qu'une femme se confie aux mains d'un accoucheur. Moralité et préceptes sont si fortement ancrés dans les mentalités que de nombreuses femmes, victimes de dystocie, préfèrent se laisser mourir en couches plutôt que d'appeler et de se faire examiner par un médecin.

Dans *Instruction à ma fille,* Louise Bourgeois, célèbre sage-femme au service de Marie de Médicis, et qui mit au monde notamment Louis XIII, raconte l'histoire d'une matrone d'une soixantaine d'années, atteinte de syphilis professionnelle, qui refusait de se montrer nue devant un médecin. Elle « gasta bien trente-cinq ménages »!

La vogue de l'accoucheur, dit-on, fut lancée par Louis XIV qui, en 1663, par souci de discrétion, et afin d'éviter les bavardages des commères, fit quérir le chirurgien Julien Clément pour aider à l'accouchement de sa maîtresse en titre, mademoiselle de la Vallière, dont le visage avait été masqué; accouchement auquel le roi lui-même, rapporte encore la légende, aurait assisté, dissimulé derrière un rideau. L'heureux dénouement de l'intervention, le parfum de scandale et de mystère qui avait entouré cet exemple venu de si haut, assurèrent la notoriété de l'accoucheur et lancèrent une nouvelle mode à la cour.

Les médecins, au siècle des Lumières, n'auront de cesse de dénoncer l'ivrognerie, l'impéritie et la bêtise des sages-femmes, qui favorisent aussi par leur ignorance le maintien des superstitions et des préjugés. Ils iront jusqu'à les accuser tout bonnement de pratiquer par simple amour du lucre : ne voit-on pas trop souvent la commère délaisser une femme au milieu du travail pour courir chez une autre qui la paiera davantage? Irrésistiblement, patiemment, dans les esprits, l'âge de la clinique et de la médicalisation systématique fait son chemin…

Le trio traditionnel pour l'accouchement, selon Jacob Rueff.

La nécessité du baptême

LES théologiens, préoccupés qu'ils étaient de sauver le plus possible d'âmes chrétiennes, ont débattu pendant longtemps de la validité du baptême *in utero*. Si saint Thomas d'Aquin était opposé à cette pratique, estimant que l'enfant devait naître à la vie avant de naître à la Grâce — ou naître au monde avant de renaître en Jésus-Christ —, d'autres au contraire prescrivaient le baptême par ondoiement, lorsqu'il y avait menace sur sa vie, dès que l'enfant dépassait de l'utérus maternel par la tête ou par toute autre partie du corps. C'est cette interprétation, conseillée par le rituel romain, qui généralement prévalut.

« Les enfants se trouvant dans le sein de leur mère ne sont pas encore venus à la lumière pour vivre parmi les autres hommes. Ils ne peuvent donc être soumis à aucune action humaine, de sorte qu'ils ne peuvent recevoir le sacrement par le ministère des hommes afin d'obtenir le salut. »
Saint Thomas

En 1733, les docteurs de la Sorbonne allèrent même jusqu'à affirmer que les sages-femmes pouvaient administrer le baptême — sous condition que l'enfant fût encore vivant — à un fœtus qui restait totalement invisible, par le moyen d'une injection faite par une petite canule !

Il faut bien comprendre que le célèbre édit du roi Henri II sur la célation de la grossesse, daté de 1556 et régulièrement confirmé ultérieurement, et qui prescrivait que toute femme veuve ou fille en état de grossesse devait impérativement en faire la déclaration, sous peine de mort en cas d'omission, avait été promulgué beaucoup moins dans le but de sauvegarder des vies humaines, de prévenir les avortements et les infanticides — au moins aussi nombreux que les abandons purs et simples — que dans celui d'assurer le baptême systématique des nouveau-nés et d'empêcher les pratiques hérétiques. Il était en outre spécifié que la femme qui aurait privé son enfant « tant du saint sacrement du baptême que d'une sépulture publique et accoutumée soit réputée d'avoir homicidé son enfant; et pour réparation soit punie de mort ».

Puisque les enfants morts sans baptême sont privés du royaume des Cieux, que les portes du Paradis leur sont fermées, puisqu'ils n'ont pas le droit d'être enterrés au cimetière, en terre consacrée; puisque les âmes de ces enfants sont condamnées à errer sans fin sans jamais trouver leur place — raison pour laquelle certaines mères leur transperçaient le corps avec un pal —, que leurs corps sont particulièrement recherchés par les sorcières pour préparer des philtres; puisque un nouveau-né non baptisé est comme suspendu entre la vie et la mort, la pression exercée par les parents sur les sages-femmes et les accoucheurs pour que le baptême soit effectué le plus tôt possible — même si la difficulté qui se présentait était minime — était énorme. Si ceux-ci omettaient d'administrer le sacrement, ou s'ils le donnaient à retardement, sur un enfant déjà mort, ils pouvaient être jugés par l'Église et se voir retirer la pratique des accouchements.

Tout baptême administré par une sage-femme ou un médecin, s'il assurait la vie éternelle de l'enfant, devait naturellement être complété par un sacrement en bonne et due forme, effectué par le curé de la paroisse, ce qu'on ne manquait jamais de faire au plus tôt, le jour même de la naissance ou le lendemain.

On lit, ici ou là, quelques scènes qui sembleraient cocasses si elles n'étaient révélatrices d'une angoisse générale diffuse qui entourait souvent la naissance : les médecins n'abandonnent-ils pas tout soudain la parturiente en travail pour se munir d'un entonnoir ou d'une seringue et ondoyer à l'envi l'enfant (l'asperger littéralement d'eau bénite serait mieux dire) qui ne présente parfois qu'une main, la tête ou le cul, et de prononcer solennellement, à haute voix, la formule rituelle « Je te baptise au nom du Père, du Fils et du Saint-Esprit », avant de faire reprendre à la mère les poussées qui avaient dû être interrompues.

Laurence Sterne, par la bouche de Tristram Shandy, ne proposait-il pas, avec une ironie assez mordante, une solution définitive au problème, prenant pour ainsi dire les choses à leur racine? « Il prend la liberté de demander si, après la cérémonie du mariage et avant sa consommation, le baptême, par *injection* en un seul coup de tous les HOMONCULI à la fois, ne constituerait pas une solution plus

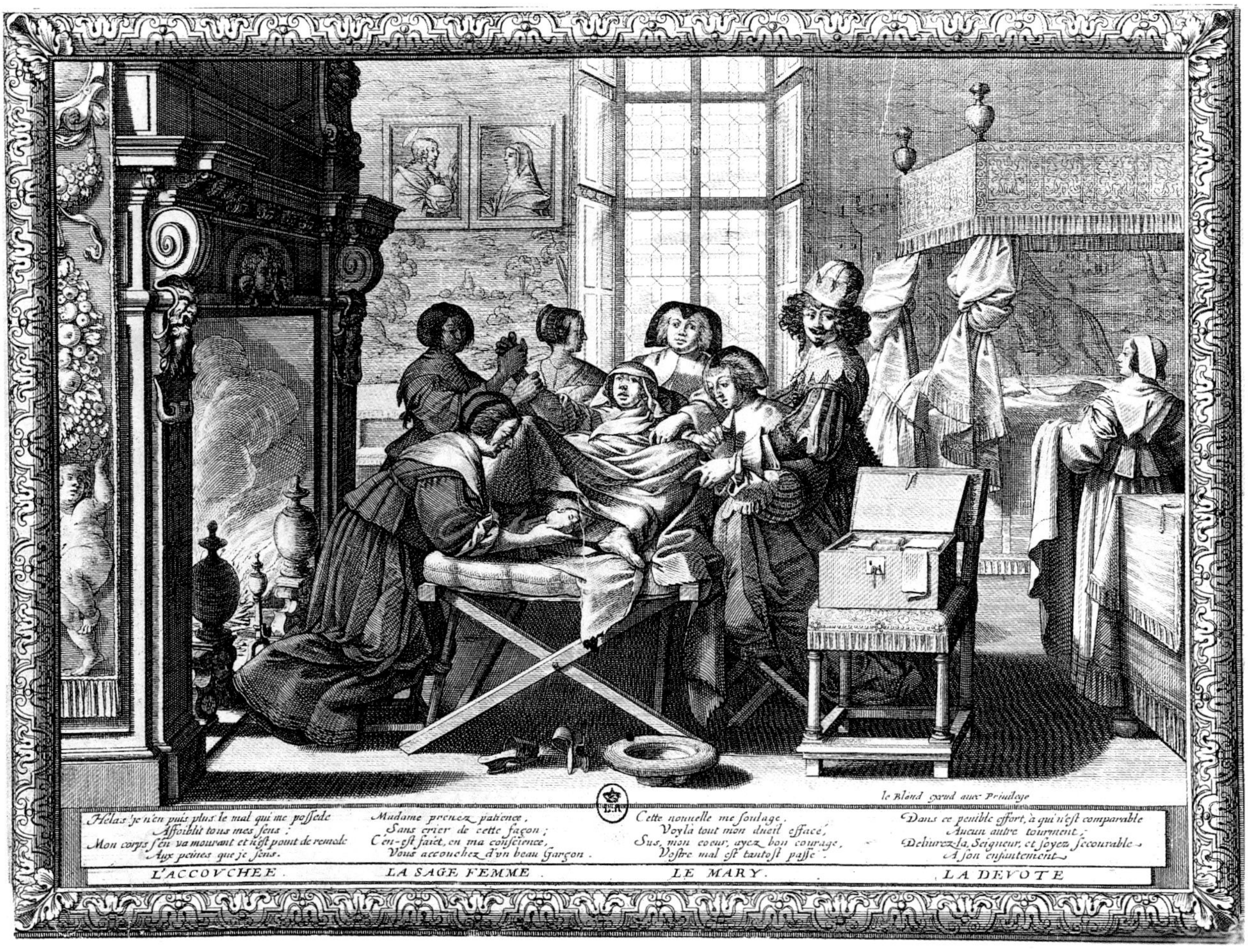

Se retrouvent autour de l'accouchée la sage-femme, le mari et la dévote. Gravure d'Abraham Bosse (1602-1676).

brève et plus sûre, avec toutefois la réserve déjà exprimée que si les HOMONCULI se comportent bien et viennent après cela au monde sains et saufs, chacun d'eux sera de nouveau baptisé (sous condition) et pourvu, en second lieu, que l'opération soit possible — et Mr. Shandy craint qu'elle ne le soit — *par le moyen d'une petite canule et sans faire aucun tort au père.* »

Les protections des accouchées

DANS toutes les régions du monde, des déesses ou des divinités protectrices veillent sur les femmes en couches. Elles sont honorées et sollicitées pour accorder les grâces d'un accouchement heureux et sans douleur. Incontestablement, pour tout l'Occident chrétien, ce fut sainte Marguerite, grande patronne tutélaire des parturientes, « invincible martyre, espérance des femmes enceintes, aide des accouchées », qui fut le plus couramment invoquée pour abréger et atténuer les souffrances pendant le travail. Les variantes connues des prières et des oraisons dédiées à la sainte sont au moins aussi nombreuses que les éditions recensées de sa vie. La lecture de récits hagiographiques ou édifiants faite à la femme pendant sa grossesse a toujours eu des effets bienfaisants, apaisants et réconfortants. Certaines se contentaient de placer le livre ouvert sur leur ventre ou sous leur tête dans l'espoir que leurs douleurs seraient affaiblies.

On sait que les Babyloniens lisaient aux femmes enceintes le *Poème de la création* (texte plus ancien même que *la Genèse*), afin d'encourager la naissance de l'enfant et pour célébrer la nouvelle année.

La *Légende dorée* (vers 1265), de Jacques de Voragine, parmi bien d'autres, nous conte la série des hauts faits qui marquèrent la vie de la vierge et martyre : Marguerite naquit à Antioche au IIIe siècle; lorsqu'elle eut quinze ans, le gouverneur Olibrius, frappé par sa grande beauté, la fit enlever mais, malgré ses avances, ses promesses et ses menaces, ne parvint pas à la faire céder. Il ordonna alors qu'on la fasse rouer de coups et ce, si sauvagement que le sang coula du corps de la jeune fille comme une fontaine. La nuit, jetée au cachot, elle eut la vision du diable, qui se manifesta sous la forme d'un terrible dragon et qui, ouvrant la gueule, l'engloutit tout entière. Marguerite, grâce à la croix qu'elle tenait à la main, sortit triomphante et indemne du monstre par une brèche pratiquée dans son dos — image évidemment symbolique d'un accouchement rapide

La robe de grossesse et la lecture bienfaisante. Livre d'heures, *XVe siècle.*

et sans douleur. Le lendemain, convoquée devant le juge en présence du peuple, elle refuse d'abjurer sa foi et est condamnée à être ébouillantée. Comme elle survécut au supplice, cinq mille hommes, émerveillés qu'une si jeune pucelle puisse supporter autant de tourments sans en périr, se mirent aussitôt à croire en Dieu. Olibrius, épouvanté, ordonna qu'on tranche le cou de la jeune vierge, qui pria alors pour ses persécuteurs et prononça, avant d'être décapitée, des paroles qui assurèrent définitivement sa réputation thaumaturgique et sa gloire éternelle : « Que toute femme qui sera grosse et qui, ayant fait le signe de croix, aura regardé le livre de ma vie ou l'aura porté sur elle, soit délivrée sans péril, que jamais le fruit qu'elle a conçu ne périsse mais qu'il naisse bien à terme et soit de tous ses membres formés. »

Un autre usage propitiatoire de l'Écriture, tant l'on accordait de pouvoirs et de vertus aux saints mots imprimés, consistait à faire boire à la femme en gésine de l'eau qui avait coulé sur quelque page

Sainte Marguerite, patronne des femmes en couches, sortant du dragon. Images de la vie du Christ et des saints, *fin du* XIII*e siècle.*

d'un livre sacré ou dans laquelle on avait dilué de minuscules images représentant la vierge Marie, mère de l'enfant Jésus, qui, notoirement, « a changé en joie les douleurs de l'enfantement », ou à lui faire ingérer des carrés de papier sur lesquels étaient inscrits quelques versets choisis de la Bible.

Témoins du syncrétisme populaire, très imprégné de superstitions, nombre d'objets — reliques, amulettes, fétiches et phylactères — que l'on lie ou que l'on attache au cou, aux bras, aux jambes ou autour du ventre sont recommandés pour obtenir un accouchement heureux, et réputés assurer l'indolorisation obstétricale.

Le fameux sachet accoucheur, fabriqué avec une triple enveloppe de toile, en usage notamment en Auvergne, qui passait de foyer en

On pouvait aussi faire boire à la femme en gésine de « l'eau d'hippocampe ». Pour l'obtenir, il suffisait de faire tremper dans un verre d'eau la queue d'un hippocampe mâle, animal qui, non sans peine, fait sortir ses petits d'une poche ventrale.
Bernard This

foyer, pouvait receler un étonnant bric-à-brac : médaillons, grains de chapelet, débris de cire vierge, bandelettes et cordons, minuscules statuettes, parchemins réunis en liasse, sur lesquels étaient tracés des carrés magiques et recopiés des extraits des Évangiles ou de la passion de sainte Marguerite…

Quand Anne d'Autriche, après de nombreuses années de stérilité, se trouva enceinte, elle envoya quérir auprès des chanoines de Puy-Notre-Dame, en Anjou, qui la conservaient pieusement, la ceinture de la Sainte Vierge, qu'elle désirait porter sur elle au moment de la délivrance. Bénéficiant de la précieuse protection, le 5 septembre 1638 naquit sans accident, à Saint-Germain-en-Laye, un fils qui eut le privilège de régner pendant plus de cinquante ans sur la France : il s'agissait de Louis XIV. Évidemment, d'aussi prestigieuses reliques ne pouvaient protéger que les accouchements royaux et n'étaient réservées qu'aux souveraines. Les autres femmes devaient se contenter de rubans ou de pièces d'étoffe qui avaient été mis en contact, lors de pèlerinages, avec la chemise, la ceinture ou la statue de tel ou tel saint ou sainte protecteur des femmes en couches.

La célèbre pierre d'aigle, ou aétite, dite encore « pierre enceinte », était préconisée au moins depuis Pline et Galien; elle passait pour accélérer et calmer les douleurs de l'enfantement. Cette pierre creuse, à l'intérieur de laquelle grelottent, lorsqu'on l'agite, quelques fragments — comme une amande ou une noix sèches — « est dicte d'aigle : car quant l'aigle veut faire ses œufs, le masle apporte ceste pierre des parties de Ynde et la met au nid près l'aigle femelle et celle pierre la fait pondre facilement et faire ses œufs et alege sa douleur », affirmait la légende. Les aimants qu'on applique aux parties génitales de façon à attirer l'enfant, les ceintures en peau de serpent nouées autour du ventre de la mère sont fréquemment employées, ainsi que certaines pièces du vêtement masculin : « Le couvre-chef ordinaire ou plus souvent le bonnet de nuit porté au moment de la conception est posé sur le ventre de la femme ou à la vulve, avec l'espoir que la matrice, sensible à l'odeur du géniteur, expulsera l'enfant au plus vite; dans le même but, la femme enfile parfois le pantalon de son mari », nous indique encore Jacques Gélis.

Techniques obstétricales

BIEN des moyens prescrits au cours des âges pour faciliter l'accouchement nous semblent aujourd'hui barbares, pour le moins grossiers. Le procédé habituellement désigné sous le terme de « succussion hippocratique », en référence au père de la médecine, qui, le premier, l'a décrit, est simple mais violent. Même si Soranus d'Éphèse (98-134), déjà, la condamnait, la succussion, secousse pseudo-thérapeutique, sera pourtant souvent conseillée ultérieurement dans de nombreux traités. Elle atteste d'ailleurs la similitude observée entre certaines pratiques obstétricales de l'Antiquité et celles de peuplades les plus primitives. Certains ethnologues affirment ainsi qu'elle était encore utilisée par plusieurs tribus africaines il y a quelques décennies. La parturiente, les jambes écartées et couchée sur le dos, devait être solidement attachée sur un lit (parfois une vulgaire planche, une échelle) au niveau des bras, des chevilles et de la poitrine. Deux hommes vigoureux, un de chaque côté, redressaient le lit en position verticale lorsque la femme ressentait les premières douleurs, le soulevaient et le laissaient retomber sur des fagots destinés à amortir le choc. Cette méthode, qui devait être employée en cas de travail empêché, était censée, on l'aura compris, lorsque le fœtus se présentait naturellement, faire «descendre» plus aisément l'enfant. Par ailleurs, elle était préconisée quand la femme désirait obtenir un avortement, au début de sa

Sage-femme procédant à un accouchement, statuette péruvienne, civilisation Mochica, 100 à 700 apr. J.-C.

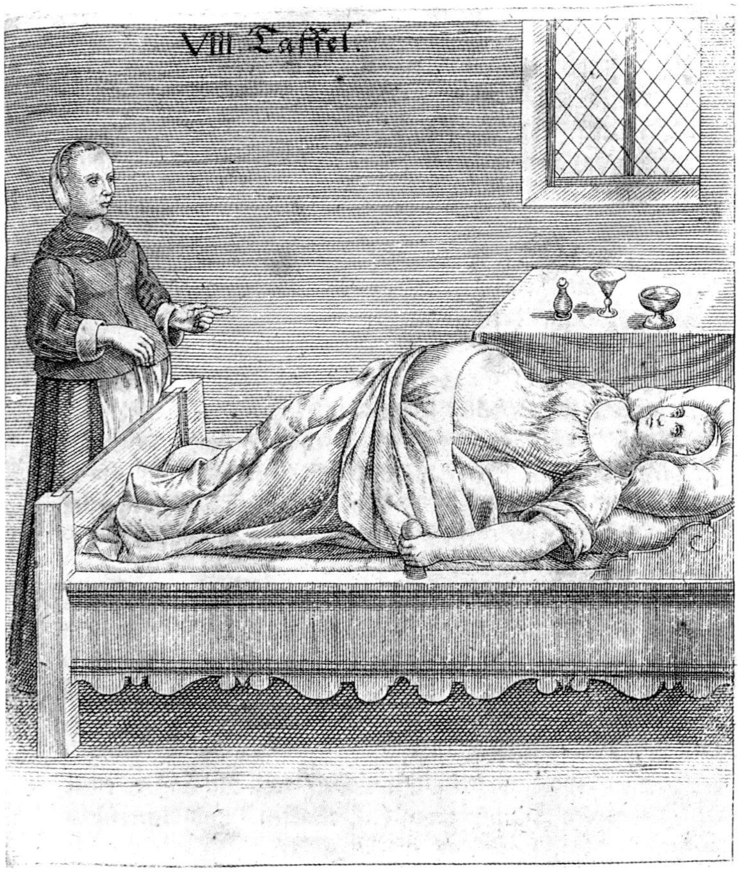

La Commare dell Scipione Mercurio. *G. Welsch, 1652.*

Chez les Tziganes, quand l'accouchement était difficile, les commères laissaient tomber un œuf entre les jambes de la parturiente en proférant cette invocation : « L'œuf, le petit œuf est rond. Tout est rond. Petit enfant, apparais en santé. Dieu, le Seigneur, t'appelle. »

grossesse. Lorsque l'enfant se présentait mal, mais aussi dans les cas de prolapsus utérins, les mêmes saccades, conseillait toujours Hippocrate, devaient être effectuées mais avec la femme placée tête en bas, ceci « afin qu'ainsi secoué, le fœtus se replace dans l'espace large et puisse cheminer régulièrement »!
C'est une opinion tenace que les moyens mécaniques, en « décollant le fœtus », accélèrent la venue de l'enfant et facilitent sa sortie. Inlassablement on répète — et les sages-femmes s'en feront souvent l'écho — que la femme qui veut connaître une prompte délivrance doit s'agiter, aller et venir dans la pièce, courir autour de sa maison, monter et descendre des escaliers, bondir sur place en trépignant, grimper sur la table et sauter, etc.

Dans la même intention, on provoquera des vomissements, on fera éternuer la femme en travail en lui introduisant du poivre en poudre dans les narines. Le procédé sternutatoire, conseillé également pour l'expulsion de l'arrière-faix, généralisé au Moyen

Pendant l'accouchement, les astrologues contemplent le ciel. La parturiente est soutenue ici par deux sages-femmes pendant qu'une troisième s'occupe de l'enfant à naître. Illustration de Jost Amman pour De conceptu et generatione hominis, *de Jacob Rueff.*

Age, est toujours prescrit au XVIIIe siècle. « En outre on luy doibt souffler dedans les naseaulx pouldre sternutatoire, à fin de stimuler la vertu expulsive à jeter hors l'enfant. Et ne fauldra oblier à lors qu'elle esternuera tirer ledict enfant, non à un coup, mais peu à peu, jusques à ce qu'il soit du tout tiré hors », écrivait Ambroise Paré.

Les chocs, les frayeurs, les émotions vives occasionnent, croyait-on, les mêmes effets. La femme, en se raidissant, provoque la venue des contractions ou redouble leur puissance, et l'on peut même en voir alors qui « laissent tomber subitement le fœtus comme bien malgré elles ».

D'après Engelmann, les Comanches, pour abréger le travail, transportaient la femme en terrain découvert tandis qu'un guerrier, monté sur un cheval fougueux, se précipitait sur elle à bride abattue; arrivé à quelque distance de la parturiente, le cavalier s'arrêtait net ou détournait sa monture.

En Corrèze, à la fin du siècle dernier, « le lourd marteau brandi par le forgeron ou le maréchal-ferrant qui s'arrête à quelques centimètres du ventre doit entraîner dans l'esprit des assistants une rapide expulsion du fœtus ». Jacques Gélis

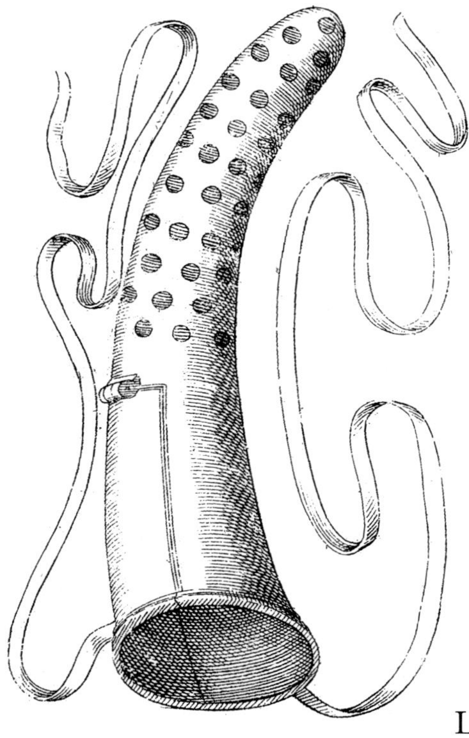

Speculum percé de trous servant aux fumigations. G. Welsch, 1652.

Les Kalmouks, peuple mongol, tiraient tous ensemble un coup de fusil à l'instant critique; la peur qu'éprouvait la femme en entendant éclater la fusillade la faisait accoucher instantanément.

Pour la même raison, conseilleront encore les médecins, lorsqu'une femme est en difficulté d'enfanter, il suffit souvent de sortir les crochets, les pinces, les forceps et autre tire-tête et de faire cliqueter tous ces instruments sur le lit de gésine; la terreur naturelle que ressentira la femme à la vue de ces ustensiles barbares provoquera tout aussitôt l'expulsion aisée du fœtus et dispensera le praticien d'y avoir recours.

Bernard This relate une histoire cauchemardesque, digne des plus piètres films d'horreur, retrouvée chez Luther : « L'impératrice d'Allemagne accouchait et son travail traînait en longueur. Les plus hautes autorités pensant qu'une frayeur violente s'avérait nécessaire, on estima que la flagellation pourrait déterminer une détresse suffisante pour assurer la sortie de l'enfant. Flageller une femme était chose possible, mais une impératrice? Hors de question! Vingt-quatre hommes furent amenés successivement dans la chambre pour y être fouettés. Deux d'entre eux en moururent, mais le travail resta tout aussi difficile. Pourquoi fouetter des hommes plus que des femmes? On pensait que l'émotion serait plus forte, l'homme à cette époque ne pénétrant jamais dans la chambre d'une accouchée. »

Un médecin arabe du XIIe siècle, Albucasis, conseillait d'asseoir la parturiente, les jambes relevées, et de la ligoter solidement sur une chaise, chaise qui devait être violemment agitée par quelques personnes décidées.

De même, dans certaines tribus d'Amérique du Nord, en cas de présentation défectueuse ou de dystocie, quatre femmes robustes se saisissaient des membres de l'accouchée et la secouaient énergiquement jusqu'à ce que l'enfant se replace en bonne position. En Syrie, cette succussion obstétricale élémentaire était effectuée avec la femme retournée comme une crêpe, placée sur un drap tendu aux quatre coins par quatre personnes.

Les matrones arabes, d'après de Lalung, massaient énergiquement le ventre de la parturiente avec une planche en bois ou des meules de grès et pratiquaient des compressions brutales sur son abdomen. Si la présentation était anormale, elles faisaient rouler la femme sur le sol. En Kabylie, les matrones pressaient avec leur tête le ventre gravide.

En Russie tsariste, on appliquait sur le ventre de la femme, en guise de ventouse géante, une jarre en grès dans laquelle on avait préalablement jeté un morceau d'étoupe enflammée pour provoquer une succion.

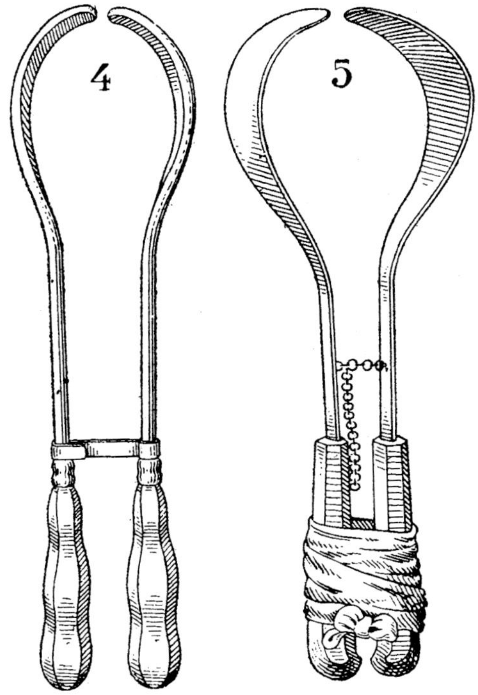

Forceps,
C. J. Wikowski, 1713.

Chez les Mongols, lorsque le travail était ralenti ou arrêté, une assistante grimpait sur les épaules de la femme et, se soutenant elle aussi au piquet de la tente, lui imprimait de violentes secousses.

Au Siam, autrefois, en cas d'accouchement difficile, on suspendait la femme par les aisselles à une corde tandis que deux assistantes tiraient en cadence sur les jambes de la malheureuse.

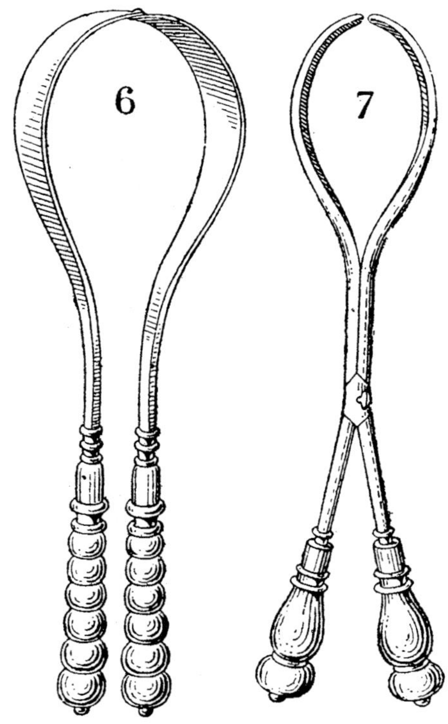

En Inde, affirme-t-on, l'accoucheuse dilatait l'orifice vulvaire en y introduisant ses deux poings fermés.

Parmi d'autres coutumes ayant été en usage dans diverses parties du globe, on faisait tenir fermement à la femme une corde sur laquelle de violentes tractions étaient exercées; on la faisait souffler de toutes ses forces dans une calebasse; on pouvait encore lui demander de se coucher au sol, sur le ventre, tandis que d'autres femmes grimpaient sur son dos pour mieux la piétiner.

Les présentations difficiles

RÉPÉTANT simplement les affirmations de l'école hippocratique — et c'est une opinion également partagée par de nombreux peuples — l'une des thèses fondamentales des obstétriciens jusqu'au XVIIIe siècle assure que la présentation céphalique est la seule qui soit naturelle.

De fait, en cas de procidence de l'un des membres ou du cordon, lorsque l'enfant se présente par le siège, par les pieds ou par l'épaule — mais aussi quand la tête de l'enfant se révèle trop grosse par rapport au bassin de sa mère —, il nous faut bien constater que les sages-femmes ou les hommes de l'art, devant ces difficultés souvent insurmontables, se sentiront longtemps troublés, impuissants et démunis.

Si l'enfant sort d'une manière contraire à la nature, se contentait-on d'expliquer, il faut simplement le repousser au dedans, dans l'espoir qu'il se replacera de lui-même dans une position adéquate.

L'enfant présente-t-il le bras ? Il est nécessaire, commentait Louise Bourgeois, de le mettre à tremper dans de l'eau glacée : « Cela fait à un enfant fort, il retire le bras promptement, s'il est faible et ne le retire, il ne faut pas donner à l'air le temps de tuméfier le bras, car toute partie qui se présente enfle incontinent. On doit alors oindre la main et le bras de l'enfant de beurre fondu, un peu plus que tiède, et doucement les rentrer, puis chercher les pieds et attirer l'enfant. »

C'est depuis un texte de Pline devenu célèbre, extrait de son *Histoire naturelle*, que la naissance d'un enfant venu par les pieds — dont l'auteur latin souligne assez le caractère anormal et funeste — est signe de mauvais présage : « Il n'est pas naturel qu'un

La duchesse d'Aigremont accouche de deux fils après un voyage mouvementé en carosse.
Renaud de Montauban, XVe siècle.

enfant vienne au jour les pieds les premiers. C'est pourquoi l'on a nommé ceux qui viennent ainsi *agrippa aegre partos*, “ nés péniblement ”. Ainsi, dit-on, naquit M. Agrippa, exemple presque unique de bonheur parmi tous ceux qui sont nés de cette manière. Encore peut-on dire qu'il a vérifié lui-même le présage de cette naissance contre nature par l'infirmité de ses pieds, la misère de sa jeunesse, une vie passée au milieu des armes et du carnage, ses succès déplorables. Ajoutez à cela la courte durée de sa vie, terminée à cinquante et un ans. Agrippine, mère de Néron, que nous avons vu empereur et qui fut pendant tout son règne l'ennemi du genre humain, a écrit que ce prince naquit aussi les pieds les premiers. Il est dans l'ordre de la nature qu'on entre dans le monde par la tête et qu'on en sorte par les pieds. »

Puisque mourir, c'est « partir les pieds devant », affirme l'expression populaire, cette naissance inversée est interprétée comme un mauvais augure, comme une sorte de mort. À l'opposé de l'enfant né coiffé, dont la naissance, nous dit Nicole Belmont, peut

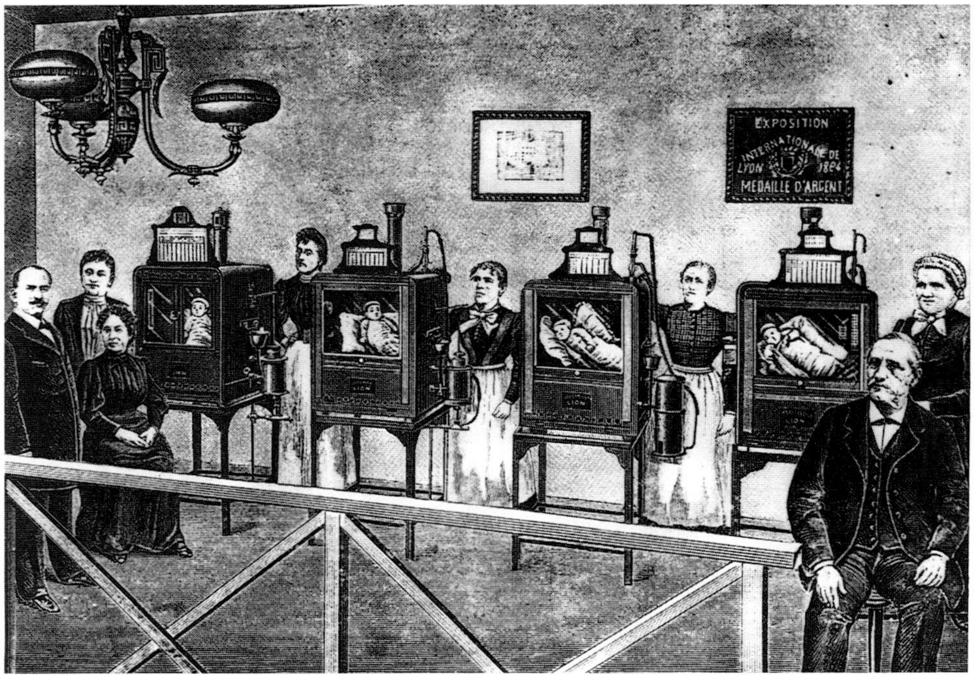

Les couveuses, Étienne Tarnier (1827-1897).

être estimée «exemplaire», puisque la présentation par la tête est dans ce cas accentuée et soulignée, l'enfant né par les pieds — parce qu'il bouleverse le cours naturel et ordinaire des choses — inquiète. Sa venue au monde figure en quelque façon, ironie du sort, un décès.

En Afrique, dans certaines tribus du Tanganyika, du Kenya ou de la Rhodésie, la naissance par les pieds, puisqu'elle appartient à la catégorie du surnaturel, donc du dangereux, annonce des périls et des calamités pour la communauté : sécheresse, mauvaises récoltes, maladies du bétail. L'enfant qui a eu le malheur de naître de cette si funeste manière est systématiquement sacrifié : il est étouffé ou enterré vivant.

En Amérique, chez les Mohave, « l'enfant naîtra les pieds en avant si les parents, durant la grossesse de la mère, ont dormi dans une direction opposée, position qui est celle qu'adoptent les époux qui se sont querellés. Le présage est mauvais, il signifie la mort de l'enfant, qu'on suppose ne pas pouvoir survivre à une telle présentation. »

Dans nombre de civilisations extra-européennes, explique toujours Nicole Belmont, la responsabilité d'un accouchement difficile incombe le plus souvent à la mère, coupable d'avoir entretenu pendant sa grossesse des rapports adultérins.

L'accouchement retardé, qui agit comme un révélateur des tensions et de la mésentente entre les époux, est un signe certain d'infidélité.

Chez les Yao du Mozambique, lorsque l'accouchement est laborieux, c'est que l'enfant, qui connaît les agissements répréhensibles de ses parents, refuse de sortir tant que son vrai père n'est pas identifié. On demande alors à la mère de confesser le nom de son amant. Celui-là sera convoqué et sommé d'accepter la paternité de l'enfant.

Chez les Ambo de Rhodésie, « il peut y avoir deux causes à un accouchement difficile. Ou bien l'un des conjoints a été infidèle à l'autre durant la grossesse, ou bien l'esprit d'un ancêtre a pénétré dans le sein de la future mère et réclame, en faisant de l'obstruction, que l'enfant reçoive son nom. » Pour savoir de quel type de blocage il s'agit, il suffit d'observer la mère : dans le premier cas, on s'aperçoit que la matrice «remonte»; dans le second, au contraire, la matrice «descend», et un devin pourra alors incriminer l'ancêtre responsable des complications.

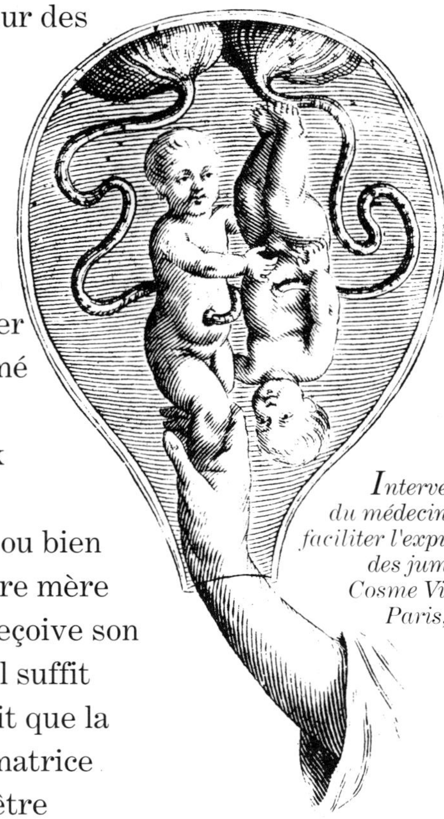

Intervention du médecin pour faciliter l'expulsion des jumeaux. Cosme Viardel, Paris, 1671.

Une présentation par les pieds. De conceptu et generatione hominis, *de Jacob Rueff. 1580.*

Les accouchements du désespoir

EN cas de présentation anormale, d'accouchement contrarié, les médecins et les sages-femmes, lorsqu'ils n'abandonnaient pas purement et simplement la parturiente, en étaient souvent réduits aux extrémités les plus dramatiques, n'avaient d'autre recours que d'employer les moyens les plus barbares, horribles, transformaient enfin l'accouchement, source ordinaire de joie, en un cauchemar sanglant et funeste.

Même si Soranus d'Éphèse, le premier, avait parfaitement décrit en son temps la version podalique, même si Galien avait évoqué la symphyséotomie — « les parties contenantes, affirmait-il, étant moins nobles que les parties contenues, elles peuvent être non seulement dilatées, mais même coupées en leur faveur » —, ces diverses notions avaient été oubliées au Moyen Age, époque où avait considérablement régressé la science obstétricale. En vérité, le plus souvent, l'accoucheur se contentait de couper ce qui dépassait et vidait ensuite l'utérus comme il le pouvait, sans se préoccuper le moins du monde de sauver ou d'épargner l'enfant. L'embryotomie, ou excision du fœtus, était la pratique la plus courante : après avoir coupé un des membres de l'enfant, ce qui provoquait immanquablement une hémorragie, ou attendu tout simplement la mort «naturelle» de l'enfant, on découpait le fœtus avec les instruments destinés à cette opération — bistouris, ciseaux, griffes, crochets et tenailles —, en usage depuis l'Antiquité; puis on l'extrayait patiemment du sein maternel, morceau par morceau.

Avant l'intervention, conseillait Hippocrate, « mettez d'abord un linge autour de la femme, nouez-le au-dessus des mamelons, et jetez-le par-dessus la tête de la patiente afin qu'elle ne s'effraye pas, voyant ce que vous allez faire ». On peut aussi la ligoter fermement

Planche gravée sur bois représentant un fœtus extrait par césarienne, Gaspard Bauhin, 1590.

sur le lit. Quant à l'opération proprement dite, Celse, médecin romain du temps d'Auguste, nous en fournit une description détaillée : « Quand le fœtus est mort dans la matrice de la mère, on introduit le doigt puis la main dans l'utérus et on cherche à saisir le fœtus et à le mettre dans une position convenable. En outre, on introduit des crochets à bec court qu'on essaie d'implanter dans un œil, dans une oreille, dans la bouche ou même dans le front, puis on attire et on ramène l'enfant. Si celui-ci est de travers, on lui coupe la

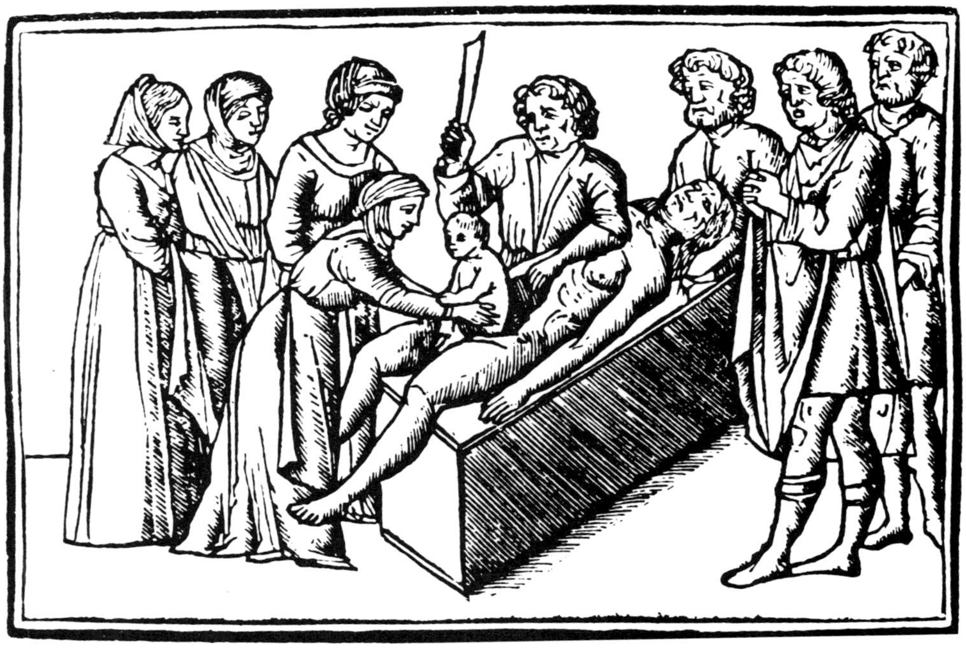

Représentation de la césarienne, Venise, 1506.

tête avec un crochet coupant, s'il se présente par les pieds on les tire. On coupe tout ce qui se présente.

» Une fois le fœtus sorti, le médecin exerce ensuite avec la main gauche de douces tractions sur le cordon ombilical et on le suit jusqu'aux secondines; lorsqu'on les a saisies, on les détache doucement de la matrice. »

Si l'embryotomie sur enfant mort était pratiquée couramment chez les Grecs et les Arabes, Soranus d'Éphèse, pourtant, la conseillait même sur l'enfant vivant, quand il s'agissait d'assurer la survie de la mère. La tradition juive, le *Talmud,* précise aussi que lorsque la vie de l'accouchée est en danger, le fœtus étant considéré comme l'agresseur contre lequel il faut se défendre, il convient de le sacrifier pour sauver la mère. Le grand médecin juif Maimonide (XIIe siècle) reprend cette opinion mais ajoute que, dès que l'on voit apparaître la tête de l'enfant à la vulve, il devient interdit de le sacrifier. L'Église catholique s'oppose absolument à cette thèse de la préférence pour la mère, ce qui revenait bien souvent à condamner aussi l'enfant puisqu'il était alors privé de l'allaitement, de l'attention et des soins maternels. En outre, des sentiments hostiles naissaient généralement à l'encontre de l'enfant homicide et meurtrier de sa mère.

S'il est évident que l'on écrit toujours davantage pour relater les drames et les accidents qui frappent l'imagination, que les accouchements heureux et sans problème ne donnent guère lieu à récits, il n'en est pas moins vrai que les témoignages abondent sur les cas douloureux, poignants, souvent lamentables. Les détails les plus réalistes, les précisions les plus crues ne nous sont jamais épargnés.

Un accoucheur est-il appelé, en désespoir de cause, auprès d'une femme dont le fœtus est mort depuis plusieurs heures dans son utérus sans avoir pu en être extrait, celui-là ne manque jamais de signaler l'haleine fétide de la malheureuse, puisque « la fumée de l'enfant mort vient à la bouche », ni les odeurs pestilentielles et cadavéreuses — conséquence d'extrême corruption et de pourrissement — qui s'exhalent de la matrice. « Les miasmes méphitiques étaient si abondants que je pensais en être submergé », écrit l'un. « La puanteur de cet enfant était si terrible que les bons et fidèles serviteurs (appelés en renfort pour tenir fermement une femme pendant l'extraction du fœtus), n'étant pas comme moi accoutumés à pareil régal, étaient prêts à lâcher prise », explique un autre.

Les sages-femmes, dans leur volonté de s'assurer une publicité à bon prix et une excellente renommée, exercent souvent leur office au milieu d'une assemblée de voisines et de curieuses accourues tout exprès, qui commentent l'événement. Elles transforment l'accouchement en spectacle, se vantent de procurer des délivrances faciles et rapides et, dans leur hâte à précipiter systématiquement les choses, à ne pas vouloir « laisser faire la nature », elles percent prématurément les membranes pour provoquer l'écoulement des eaux, elles tirent sans ménagement sur tout ce qui se présente, arrachent les bras, les jambes et les têtes et s'enfuient sans demander leur reste. Dans l'espoir d'accélérer l'expulsion de l'arrière-faix, elles tirent violemment sur le cordon ombilical, entraînant le décollement de la matrice… Les récits de médecins qui rapportent la barbarie des sages-femmes, assurant en avoir été les témoins, ne manquent pas et ont de quoi faire frémir…

À partir de 1759, une maîtresse sage-femme, Marguerite Le Boursier du Coudray, avec l'assentiment du roi et dans le but de

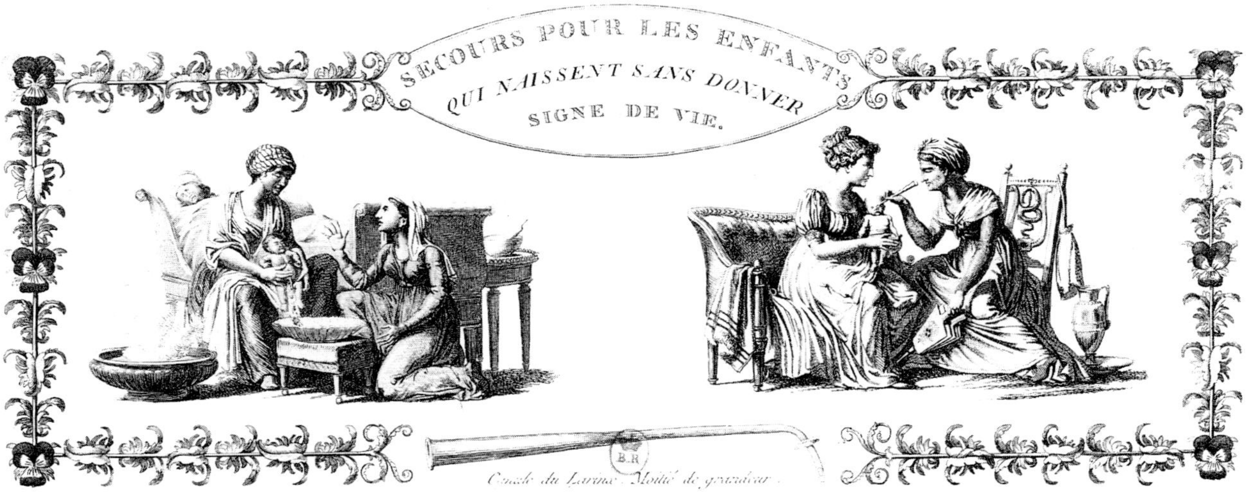

Tentatives de réanimation d'un nouveau-né, XIXe siècle.

propager l'art du bon accouchement dans toutes les provinces et jusqu'aux campagnes les plus reculées, entreprit un tour de France qui durera vingt-cinq ans, en compagnie d'un «fantôme», ou d'une «machine», soit un mannequin figurant un demi-squelette qui permettait de simuler les diverses positions du fœtus à l'intérieur de la matrice. Elle pratiquait, devant les publics les plus composites, désireux d'apprendre, l'accouchement naturel et sans risque et enseignait les moyens de surmonter d'éventuels incidents, ainsi que les différentes versions destinées à corriger les positions vicieuses de l'enfant.

L'opération césarienne

ATTESTANT assez que les césariennes étaient pratiquées dès l'Antiquité, une loi romaine du VIIe siècle avant Jésus-Christ, la *lex regia* de Numa Pompilius, dans le but évident d'assurer le plus de citoyens possible au pays, interdisait déjà que l'on enterre une femme morte pendant la fin de sa grossesse ou lors de son accouchement, sans que l'on ait tenté d'extraire le fœtus.

Les prescriptions du concile de Trèves de 1310, régulièrement confirmées par les décisions ultérieures des synodes, insistaient sur la nécessité absolue d'administrer le baptême *in utero* à l'enfant, quitte à ce que ce dernier ne conserve qu'un semblant de vie ou ne survive que quelques minutes. Le but avoué de cette règle est d'augmenter le nombre des élus en vue du Jugement dernier. Dès lors, lorsqu'une femme mourait en couches, il convenait de tenter immédiatement l'opération de l'ouverture du ventre pour baptiser l'enfant, s'il vivait encore. Si on était certain que l'enfant était mort, il n'y avait pas lieu d'effectuer l'opération, mais on ensevelissait la mère non délivrée hors du cimetière. Les prêtres eux-mêmes, susceptibles d'être appelés au chevet des parturientes à l'agonie, devaient connaître les rudiments de l'opération et toujours apporter avec eux les instruments nécessaires à l'intervention.

L'affirmation selon laquelle le nom de l'opération aurait été donné en référence à Jules César, dont les auteurs latins disent qu'il avait été retiré du ventre de sa mère par «section», et qu'évoqueront nombre de représentations iconographiques, semble erronée. Il faut, tout au contraire, comprendre que le nom César dériverait de *caesar*, qui désigne l'enfant tiré par incision du sein de sa mère (du verbe *caedere*, couper).

Sages-femmes venant au secours de Gargamelle, gravure du XVe *siècle.*

C'est en 1581 qu'apparaît en français le terme «césarienne». Il est dû à François Rousset, qui publie à Paris un volume intitulé *Traité nouvel de l'hystérotomie ou enfantement césarien*. Même si l'ouvrage étonne par la qualité et la précision de ses indications techniques et anatomiques, et qu'il rappelle, après Galien, que l'incision des muscles de l'épigastre est sans danger, pourtant, pendant longtemps, les médecins répugneront à tenter l'opération sur une femme vivante. Les réussites, c'est-à-dire les cas où la mère en réchappait, étaient rarissimes, et les enfants ne survivaient qu'exceptionnellement au-delà de quelques heures. L'incision, conseille Rousset, doit être marquée « à l'encre sur l'abdomen, entre le nombril et le flanc, à trois ou quatre doigts de l'aine en côtoyant le muscle droit, sans y toucher ni en haut ni en bas ». La matrice doit être ouverte à l'aide d'un rasoir « en la soutenant légèrement de peur d'offenser l'enfant ». L'enfant et l'arrière-faix étant retirés, il faut essuyer avec un linge imbibé d'une décoction à base de vin, puis « remettre la matrice doucement dans son lieu sans y rien coudre; sa rétraction vaut mieux que couture. Il faut incontinent gastroraptiser la plaie du ventre extérieur; appliquer chaque côté l'un contre l'autre. Renvoyer les replis des boyaux qui se présentent à la plaie qu'on recoud, de peur de les piquer... »

Selon Rousset, la première césarienne réussie fut effectuée en 1500, dans le canton suisse de Thurgovie, par un certain Jacques Nufer, châtreur de porcs de son état, qui la pratiqua sur sa propre femme. Après avoir constaté que treize sages-femmes ne suffisaient pas à délivrer son épouse et avoir sollicité l'autorisation d'opérer, il expulsa l'assistance puis incisa en un seul coup l'abdomen. Son geste fut si adroit et si précis qu'il en retira un enfant qui, dit-on, vécut soixante-dix-sept ans, et que la mère, dont il avait suturé la plaie à la manière des vétérinaires, n'en fut nullement affectée.

Lisons encore une fois Laurence Sterne, très au fait des techniques prétendues non traumatisantes : « Lorsque mon père en fut à ce point, quel flot de lumière les comptes rendus de l'opération *césarienne* (à qui tant de génies éminents doivent le jour) ne jetèrent-ils pas sur son hypothèse. Ici, voyez-vous, nul dégât dans le sensorium, nulle pression du crâne contre le pelvis; ni l'os pubis d'ici

Naissance de César, miniature française du XVe siècle. Probablement la première représentation connue d'une opération césarienne.

ni l'os coccyx de là ne propulsaient le cerveau vers le cervelet — avec quels heureux résultats, je vous prie ! [...]

» L'incision de l'abdomen et de l'utérus hanta six semaines durant le cerveau de mon père. Il avait lu avec satisfaction que les blessures de l'épigastre et de la matrice n'étaient pas mortelles : il était donc fort aisé d'ouvrir la mère pour livrer passage à l'enfant. Ma mère reçut communication du fait un après-midi au simple titre de renseignement, mais elle fut envahie aussitôt d'une pâleur si mortelle que mon père, en qui cette opération flattait tant d'espoirs, jugea prudent de ne pas insister, se contentant d'admirer en lui-même qu'on pût penser si bien et proposer si mal. »

On peut arriver au monde latéralement. Parmi les chemins déviants, ce n'est pas le seul. Au chapitre « Comment Gargantua

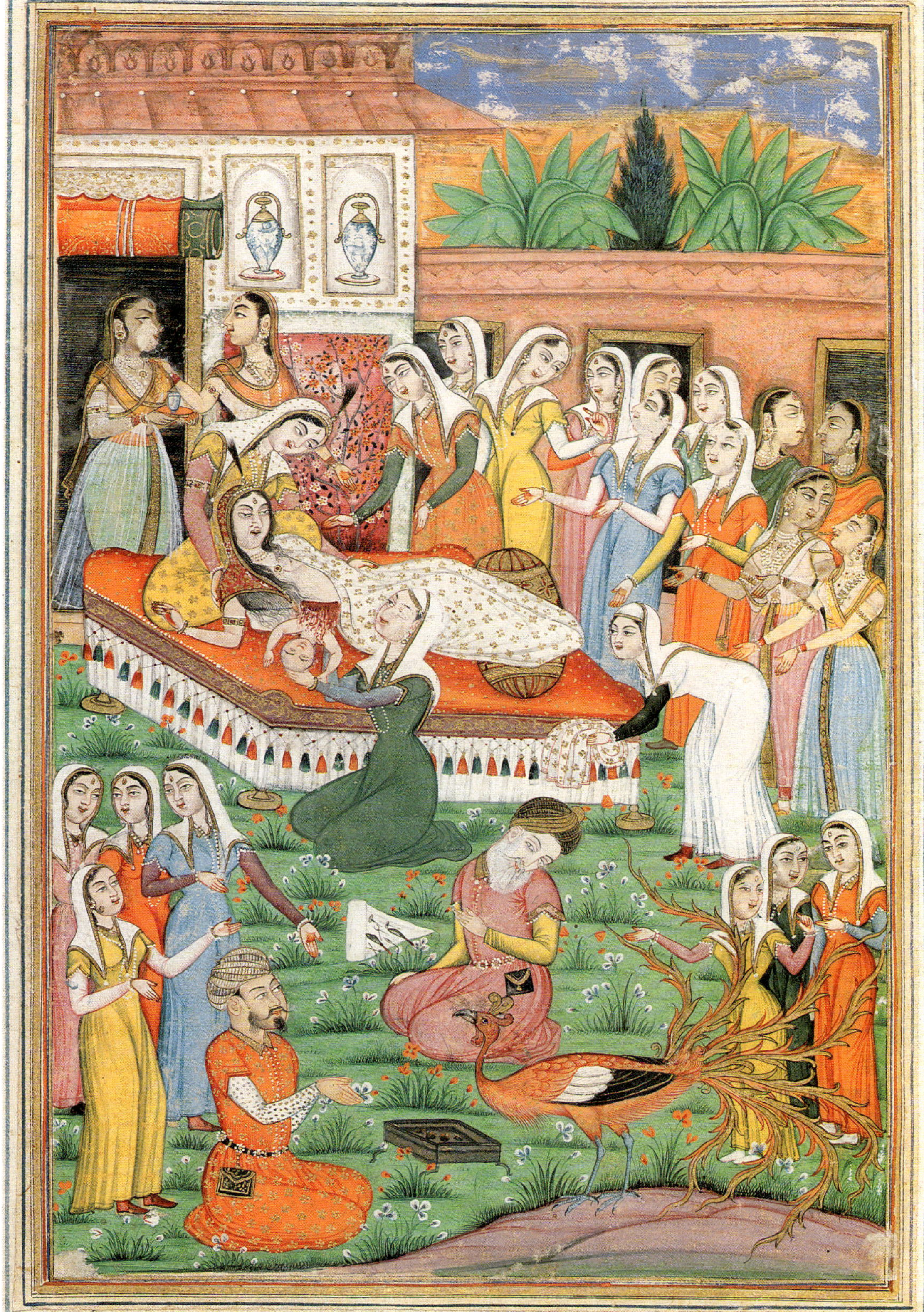

Naissance de Roustem par césarienne. Shah Nameh. Livre des Rois, *Inde, XVIe siècle.*

Accouchement par césarienne, gravure extraite de Armentarium chirurgiae *de Sculetus, Francfort, 1660.*

nasquit en façon bien estrange », Rabelais nous conte comment son héros « entra en la vene creuse et, gravant par le diaphragme jusques au dessus des espaules (où ladicte vene se part en deux), print son chemin à gauche, et sortit par l'aureille senestre.

» Soubdain qu'il fut né, ne cria comme les aultres enfans : “ Mies! mies! ”, mais à haulte voix s'escrioit : “ À boire! à boire! à boire! ” [...]

» Car je vous diz que à Dieu rien n'est impossible et, s'il vouloit, les femmes auroient doresnavant ainsi leurs enfants par l'aureille.

» Bacchus ne fut il engendré par la cuisse de Jupiter?

» Rocquetaille nasquit il pas du talon de sa mère?

» Crocquemouche de la pantofle de sa nourrice?

» Minerve nasquit elle pas du cerveau par l'aureille de Jupiter?

» Adonis par l'escorce d'un arbre de mirrhe?

» Castor et Pollux de la cocque d'un œuf, pont et esclous par Léda?

» Mais vous seriez bien dadvantaige esbahys et estonnez si je vous expousoys presentement tout le chapitre de Pline auquel parle des enfantemens estranges et contre nature; et toutesfois je ne suis poinct menteur tant asseuré comme il a esté. Lisez le septiesme de sa *Naturelle Histoire*, et ne m'en tabustez plus l'entendement. »

Plutarque évoquait une croyance égyptienne selon laquelle les chats conçoivent par l'oreille et accouchent par la bouche.

Les positions

POUR accoucher, la femme égyptienne s'accroupissait, les talons posés sur quelques briques écartées les unes des autres afin de permettre le dégagement de l'enfant. Dans l'écriture hiéroglyphique, où la figuration stylisée est toujours celle d'une présentation céphalique, « s'asseoir sur des briques » est l'équivalent d'accoucher. C'est dans cette posture que, sur un bas-relief d'Erment aujourd'hui détruit, on pouvait voir Cléôpatre donner naissance à Césarion.

L'accouchement en position agenouillée, que pratiquaient notamment les Hébreux, était habituel dans l'Antiquité. Homère nous apprend que Léto, elle aussi, accoucha d'Apollon dans cette posture : « À son arrivée à Délos, si chère aux mères en travail, Léto se trouva aussitôt prête à enfanter et à s'alléger de son fardeau. Alors, de sa main blanche, elle saisit un palmier et, l'enserrant, elle planta ses tendres genoux dans l'herbe molle qui s'inclinait souriante sous son travail sacré; et l'enfant aspira l'air à l'instant. »

Accouchement mochica.

C'est aussi accroupies qu'accouchaient habituellement les femmes mexicaines ou péruviennes de l'ère précolombienne : elles s'asseyaient sur les talons en s'appuyant parfois sur les genoux. Une célèbre statuette de jade, une déesse en train d'accoucher d'un enfant dont la tête apparaît à la vulve, est d'un réalisme hallucinant.

Certaines Indiennes, assure-t-on, à l'instar de la déesse Maya, accouchaient debout, assistées par d'autres femmes, en se soutenant par exemple à la branche basse d'un arbre. Les habitantes de Loango, au Congo, ou de la côte française de Somalie, accouchaient aussi debout, adossées contre leur case.

Avec de nécessaires variantes, les trois positions verticales — accroupie, à genoux, debout —, que les obstétriciens reconnaissent comme étant les meilleures pour assurer idéalement l'expulsion, étaient (ou sont encore) les plus fréquemment employées par les parturientes du monde entier. Les unes se soutiennent à un pieu enfoncé en terre, à une corde pendue au plafond, à une barre de bois horizontale surélevée; les autres s'adossent à un tas de sable, à des rondins de bois, contre une assistante qui stimule le travail, etc.

Femme accouchant agenouillée, légèrement arc-boutée. La tête de l'enfant apparaît à la vulve. Civilisation zacatenco, côte Pacifique, (100-350 apr. J.-C.).

Ces positions recensées ont toutes été adoptées, nous dit Jacques Gélis, par les femmes des différentes provinces françaises, entre le XVIe et le XIXe siècle.

Les femmes du Berry, pour accoucher, s'agenouillaient sur une chaise, comme sur un prie-Dieu, et s'appuyaient au dossier. Dans le Morvan, c'est « entre deux chaises » que la femme accouchait : elle se soutenait par les aisselles aux dossiers de deux chaises, placées dos à dos. Pour éviter un contact trop brutal avec le sol, on déposait par terre un oreiller, des coussins, un peu de paille, parfois des cendres chaudes.

Si les médecins accoucheurs du XVIIIe siècle jugent souvent sévèrement la femme qui accouche à genoux, voire « à quatre pattes » — car l'enfant sort alors «postérieurement», que la parturiente imite les mœurs de certains animaux, et que cela, en bref, « répugne à l'humanité » —, Mauquest de la Motte, en revanche, se déclare tout surpris de l'effet bénéfique qui peut résulter d'une telle posture. Le 2 mars 1692, il est appelé pour accoucher une femme qu'il a déjà délivrée plusieurs fois. « Ce fut en vain que je lui fis éprouver toutes les situations d'être debout, couchée ou assise, et elles furent toutes également inutiles, ce qui me fit abandonner cette malade à celle qu'elle pouvait le mieux soutenir. Ennuyé de lui en faire changer, je lui conseillai enfin de se mettre sur les genoux, appuyée sur les mains à terre. Je fus

Bois de char des Indes. L'accoucheuse attendant de prendre l'enfant est miniaturisée.

surpris qu'à la première violente douleur la femme accoucha d'un enfant qui, en cette posture, vint la face en bas, qui était opposée à la naturelle, parce que si la femme eut été couchée sur le dos, il serait venu le visage en haut, qui était l'obstacle que je n'avais pu prévoir, et qui rendit cet accouchement si long et difficile. »

La position couchée, ou semi-couchée, semi-assise, employée aujourd'hui le plus fréquemment dans les salles d'accouchement, fut lentement imposée par les médecins en Europe à partir du XVIIIe siècle. Ambroise Paré, l'un des premiers, recommanda cette posture. S'il admettait que la femme accouchait dans son lit, « à sçavoir, non du tout à la renverse ny assise, mais aucunement le dos eslevé, à fin qu'elle puisse mieux respirer, et avoir force à mettre l'enfant hors : d'avantage, faut qu'elle ait les jambes courbées, et les talons vers les fesses, et les cuisses escartées l'une de l'autre, et qu'elle s'appuye contre une busche de bois posée en travers de son lit, ayant un peu les fesses eslevées », il préconisait davantage encore l'usage d'une chaise spécialisée, sorte de fauteuil rudimentaire à dossier incliné vers l'arrière et au siège perforé en forme de fer à cheval. « L'utilité de ceste chaire n'est à mespriser, parce que la femme grosse y est située estant renversée sur le dos, de sorte que elle a son inspiration et expiration libres : aussi que l'os sacrum et l'os caudæ sont en l'air, n'estant aucunement pressés, qui fait que lesdits os se desjoignent et separent plus aisément : pareillement

Figurine Yoruba en laiton représentant une parturiente, XIIIe et XIVe siècle.

l'os pubis, à cause que les cuisses sont écartées l'une de l'autre : joint aussi que la sage-femme besongne plus à l'aise, estant assise devant la femme grosse. L'on mettra un oreillier au dossier de la chaire, et quelques linges où les cuisses seront appuyées, à fin que la femme grosse soit plus à son aise. » Siège richement décoré que certaines familles aisées, des Flandres ou de Hollande, possédaient parmi leur mobilier et se transmettaient, ou que les sages-femmes et les chirurgiens faisaient porter chez leurs clientes.

La chaise d'accouchement n'est pas une invention de la Renaissance : les textes comme l'iconographie, ainsi que certains modèles retrouvés et conservés, prouvent qu'elle était déjà en usage dès l'Antiquité en Égypte, chez les Grecs et chez les Romains.

Femme accouchant, terre cuite modelée, Mexique occidental, antérieure à 200 apr. J.-C.

Rites et pratiques

RENFORÇANT cette image du ventre-four et de la gestation considérée comme un temps de cuisson de l'enfant, il sera d'usage pendant longtemps, en Occident, de favoriser une chaleur excessive dans la pièce où la femme accouche. Puisqu'il faut alors littéralement « enflammer la matrice », on fait consommer à la parturiente quantité d'aromates et d'épices ainsi que des boissons chaudes; on calfeutre soigneusement l'endroit où l'on entretient un feu dévorant. Certaines femmes encore accouchent devant la cheminée ou le dos rôti à l'âtre. L'atmosphère devient vite irrespirable, de sorte que cette « méthode échauffante » sera bientôt vivement critiquée par les médecins.

Chez les anciens Pascuans, on plaçait à proximité de la femme qui accouchait, accroupie ou agenouillée, une pierre chauffée à blanc, enveloppée de roseaux, à laquelle on prêtait un effet protecteur et bienfaisant.

En Inde, au Japon, et dans tout l'Extrême-Orient, la «cuisson» de la femme était une pratique très largement répandue. On veillait toujours avec soin à ce que les bassins à charbon qui environnaient la parturiente soient bien rouges.

Dans certaines régions du Maghreb, la *qabla* place de temps à autre un brasero entre les cuisses écartées de la parturiente pour provoquer une meilleure dilatation.

Chez les Pueblo, les femmes accouchaient au-dessus d'un tas de sable chaud afin de continuer à «cuire» l'enfant. En Californie, les Amérindiens disposaient les jeunes accouchées dans des fours creusés au sol, recouverts de nattes et de pierres chaudes.

Au Siam, au Laos, en Birmanie, en Malaisie, au Cambodge, les primipares, après leur accouchement, devaient exposer pendant

La naissance d'Henri IV, *Eugène Devéria, 1827.*

Accouchement chez les Bohémiens, gravure de Jacques Callot (1592-1635).

trente jours leur abdomen et leur dos nus à la chaleur d'un feu flamboyant, entretenu jour et nuit sous ou à proximité du lit. Si ce rite purificateur et pénitentiel de la «rôtissoire» n'était pas effectué, des malheurs pouvaient s'abattre sur le nouveau-né. En annamite, rapporte Engelmann, *nàm bêp*, « coucher sur le foyer », est l'équivalent de « faire ses couches ».

Si la pièce où accouche la femme doit être complètement fermée, il est aussi d'usage courant, pour de nombreuses civilisations, dès que les premières contractions se manifestent, d'ouvrir tout ce qui peut être ouvert. La femme doit déboutonner ses vêtements, dégrafer sa ceinture, se dépouiller de ses bijoux, bagues et bracelets, dénouer son foulard et ses lacets, enlever ses bandeaux, défaire sa chevelure et libérer ses tresses. Dénouer et ouvrir, supprimer tout ce qui étreint et contraint le corps, tout ce qui peut évoquer l'idée d'un lieu et d'une fermeture, était un rite magique destiné, comme par vertu sympathique, à faciliter l'ouverture du col de l'utérus. Puisque accoucher, c'est aussi se libérer, ces pratiques imitatives étaient observées dans l'intention d'attirer ce que l'on désirait : une délivrance facile et rapide. C'était aussi créer un monde ouvert, sans entrave, accueillant, propice à la venue de l'enfant.

En Inde ancienne, lorsque les premières douleurs apparaissaient, la mère se retirait dans une chambre isolée et purifiée, tandis que

Accouchement près d'un âtre, XVIe siècle.

l'époux déliait tous les nœuds qui pouvaient se trouver dans la maison. Ensuite il remplissait une coupe qui n'avait jamais servi, puis la vidait dans le sens du courant de la rivière qui coulait dans le bas de son jardin.

Il faudrait encore citer le rituel de la couvade qui, dans certaines régions d'Afrique et d'Europe, consistait pour le père, lorsque la mère était en travail — comme par un processus d'imitation ou de participation active — à s'aliter et à mimer les douleurs d'un enfantement évidemment symbolique. C'est lui qu'on plaignait davantage que la mère, lui ensuite qu'on dorlotait, lui encore qui recevait les félicitations et les visites d'après couches. Les rites se

La cheminée n'est pas loin de la parturiente, gravure sur bois, Der Swangern Frauwen und hebammen Rosegarten, *Eucharius Rösslin, 1513.*

prolongeaient parfois plusieurs semaines, pendant lesquelles le géniteur devait jeûner et se soumettre à toute une série d'interdits.

La naissance de jumeaux, qui constitue une exception par rapport à la règle biologique, peut donner lieu à des attitudes extrêmes, fortement contrastées. Chez les Dogon, pour qui la naissance gémellaire est un événement considérable, les jumeaux sont révérés à l'égal des dieux et font l'objet d'un culte. Mais dans certaines civilisations moins raffinées, ils sont en butte à l'hostilité générale, voire purement et simplement sacrifiés.

Chez les Yorouba du Nigéria, qui connaissent le taux de gémellité le plus élevé du monde, les jumeaux sont considérés comme des êtres bénéfiques : ils sont les représentants sur terre des ancêtres initiaux ou des dieux. Lorsqu'un des jumeaux meurt, une coutume veut que l'on sculpte dans le bois une figurine, l'*ibeji*, le symbolisant;

le survivant prend alors soin de l'*ibeji* de son frère et le transporte partout avec lui durant son existence. La mère également s'occupe de la statuette comme s'il s'agissait d'un enfant : elle le vêt, le lave, le cajole et le place dans un lit pour la nuit.

Pour de nombreuses tribus africaines, mais aussi chez les Esquimaux, les Ainus du Japon, les aborigènes d'Australie, les jumeaux sont considérés comme des monstres annonciateurs de mal et de désastres. L'abandon, le meurtre, le sacrifice rituel de l'un ou l'autre, voire des deux, y sont des pratiques largement usitées : on les enterre vivants, on les étouffe en remplissant leur bouche de terre, on les emmène en forêt pour les abandonner aux animaux sauvages, qui les dévoreront. Dans certaines peuplades d'Océanie et en Inde du Sud, ce sont principalement les jumeaux de sexes opposés — on les accuse d'avoir violé dans l'utérus maternel le sacro-saint tabou de l'inceste — qui sont l'objet d'une hostilité manifeste. Après avoir été symboliquement mariés, ils sont sacrifiés ou abandonnés dans la jungle.

Pour clore cette série ethnologique, citons un extrait des *Mémoires* de madame de Campan, qui nous relate dans quelles circonstances Marie-Antoinette, en 1778, donna naissance à Marie-Thérèse de France. Sous Louis XIV, déjà, princes et princesses, ainsi que hauts dignitaires, se devaient d'être présents aux accouchements pour rendre impossible toute substitution d'enfant : il s'agissait — loi salique oblige ! — de l'espoir de tout un peuple, de l'avenir du trône et de la France. Une fois l'accouchement terminé, on emportait le bébé dans une pièce voisine, devant un feu de cheminée, même en été, pour le frictionner avec une éponge. Prescription médicale d'époque : pendant neuf jours, les volets devaient rester fermés dans la chambre de l'illustre accouchée.

« À l'instant où l'accoucheur Vermond dit à haute voix : " La reine va accoucher ! ", les flots de curieux qui se précipitèrent dans la chambre furent si nombreux et si tumultueux que ce mouvement pensa faire périr la reine. Le roi avait eu, dans la nuit, la précaution de faire attacher avec des cordes les immenses paravents de tapisserie qui environnaient le lit de Sa Majesté : sans cette précaution, ils auraient à coup sûr été renversés sur elle. Il ne fut

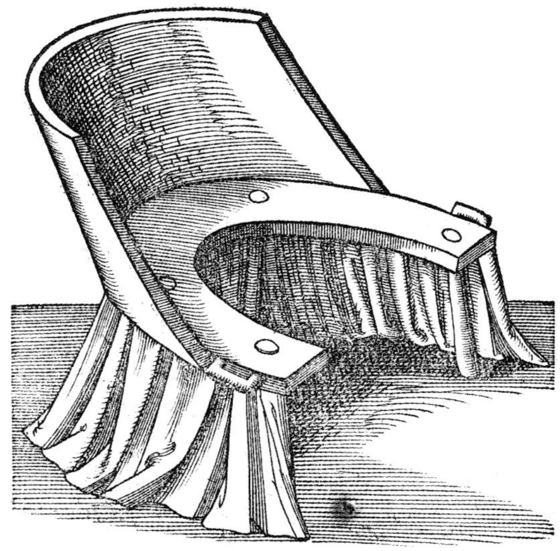

Siège d'accouchement avec chaufferettes d'Hendrik van Deventer (1651-1724) et fauteuil d'accouchée d'après Jacob Rueff, 1580.

plus possible de remuer dans la chambre, qui se trouva remplie d'une foule si mélangée qu'on pouvait se croire dans une place publique. Deux Savoyards montèrent sur des meubles pour voir plus à leur aise la reine placée en face de la cheminée, sur un lit dressé pour le moment de ses couches. Ce bruit, le sexe de l'enfant que la reine avait eu le temps de connaître par un signe convenu, dit-on, avec la princesse de Lamballe, ou une faute de l'accoucheur, supprimèrent à l'instant les suites naturelles de l'accouchement. Le sang se porta à la tête, la bouche se tourna, l'accoucheur cria : “ De l'air, de l'eau chaude, il faut une saignée au pied ! ” Les fenêtres avaient été calfeutrées; le roi les ouvrit avec une force que sa tendresse pour la reine pouvait seule lui donner, ces fenêtres étant d'une très grande hauteur, et collées avec des bandes de papier dans toute leur étendue. Le bassin d'eau chaude n'arrivant pas assez vite, l'accoucheur dit au premier chirurgien de la reine de piquer à sec; il le fit, le sang jaillit avec force, la reine ouvrit les yeux. On eut peine à retenir la joie qui succéda si rapidement aux plus vives alarmes. On avait emporté à travers la foule la princesse de Lamballe sans connaissance. Les valets de chambre, les huissiers prenaient au collet les curieux indiscrets qui ne s'empressaient pas de sortir pour dégager la chambre. »

La délivrance

ASSEZ symptomatique, la délivrance, au sens strict, désigne l'expulsion de l'arrière-faix, c'est-à-dire essentiellement du placenta — raison pour laquelle les médecins affirment toujours qu'un accouchement n'est vraiment terminé que lorsque la délivrance est faite. Symboliquement, le placenta, lieu d'une étroite interpénétration, d'une intime interdépendance entre la mère et l'enfant, meurt quand naît l'enfant. Il représente la nécessaire perte du vivant pour vivre. Séparé de son placenta, l'enfant en garde à jamais sur son corps un signe, une trace : la cicatrice ombilicale, le nombril, inscription en creux du «deuil» placentaire.

D'après Hippocrate, quand l'expulsion du placenta se faisait par trop attendre, il fallait faire asseoir la femme sur un siège élevé et placer l'enfant sur une outre remplie d'eau et percée d'un trou; l'eau s'écoulait régulièrement et l'enfant, descendant au même rythme, exerçait une traction progressive sur le cordon ombilical.

Sages-femmes et accoucheurs, pendant longtemps, craignant par-dessus tout la rétraction du col de l'utérus avant l'expulsion du placenta, s'efforçaient de faire vomir, éternuer et pousser la femme, ou lui attachaient le cordon autour de la cuisse, dans la peur qu'ils avaient de voir l'arrière-faix remonter jusque dans l'estomac et étouffer la mère.

On rencontre, dans de nombreuses régions du monde, la coutume qui consiste à enterrer le placenta — comme s'il s'agissait de la mort d'un ancien compagnon du nouveau-né — dans un lieu protégé; c'est souvent au pied d'un arbre fruitier et fécond, auquel il sert d'engrais et qui, devenant comme un double symbolique de l'enfant, le protège durant toute son existence.

Dans nombre de tribus africaines, le moment vraiment important de l'accouchement n'est pas tant l'expulsion du bébé que la séparation de celui-ci d'avec son placenta, explique Odile Journet. Chez les

Diolas du Sénégal, le rôle des sages-femmes n'est pas défini par l'aide qu'elles peuvent apporter à la parturiente, mais bien par leur fonction de fossoyeuses. Elles sont appelées « celles qui vont enterrer la chose la nuit ». La chose, le placenta, elles doivent aller l'enterrer dans un endroit tenu secret, qui est en même temps un lieu de culte.

L'expulsion du placenta est un événement essentiel, et tant qu'il n'a pas eu lieu, l'enfant n'est pas considéré comme né. Dans certaines ethnies, puisque l'enfant sorti sans son double est un être incomplet, on ne s'occupe pas du bébé, il est même interdit de le regarder, tant que le placenta n'est pas évacué.

Représentation du placenta (déjà à l'extérieur) toujours relié au fœtus par le cordon ombilical, Observations sur la pratique des accouchements naturels, contre nature et monstrueux, *Cosme Viardel, 1671.*

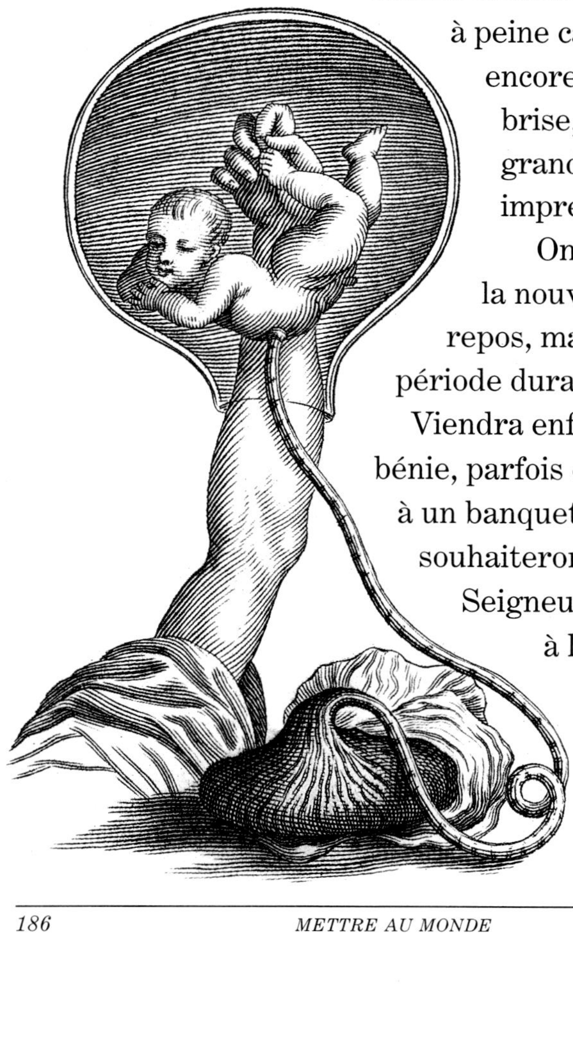

L'enfant est né, commence alors une autre histoire.

Qu'on dispose le bébé sur un lit parfumé fait de pétales de roses ou qu'on l'abandonne à même le sol pour tester sa résistance et pratiquer ainsi une espèce de sélection naturelle; qu'on déforme le crâne du nouveau-né en le pétrissant pour le rendre conforme aux canons esthétiques d'une communauté déterminée ou qu'on ose à peine caresser son front — considéré comme plus fragile encore qu'une pellicule sur le lait — de peur qu'il ne se brise, les usages, ici encore, peuvent différer grandement et offrent des contrastes impressionnants.

On se montre plein d'égards et de sollicitude pour la nouvelle accouchée qui, pendant un mois, a droit au repos, mais reste impure jusqu'au « retour de couches », période durant laquelle son mari même ne peut la toucher. Viendra enfin la cérémonie des relevailles, où la mère sera bénie, parfois comblée de cadeaux, et qui sera le prétexte à un banquet festif où parents et amis seront conviés, souhaiteront longue vie au nourrisson et remercieront le Seigneur pour le don précieux qu'Il voulut bien accorder à la famille. On interroge alors le Ciel, on établit l'horoscope de l'enfant. Aura-t-il longue vie? Quel sera son destin?...

L'amour de la mère veille sur la santé du nourrisson... La descendance est assurée. La perpétuation de l'espèce est garantie...

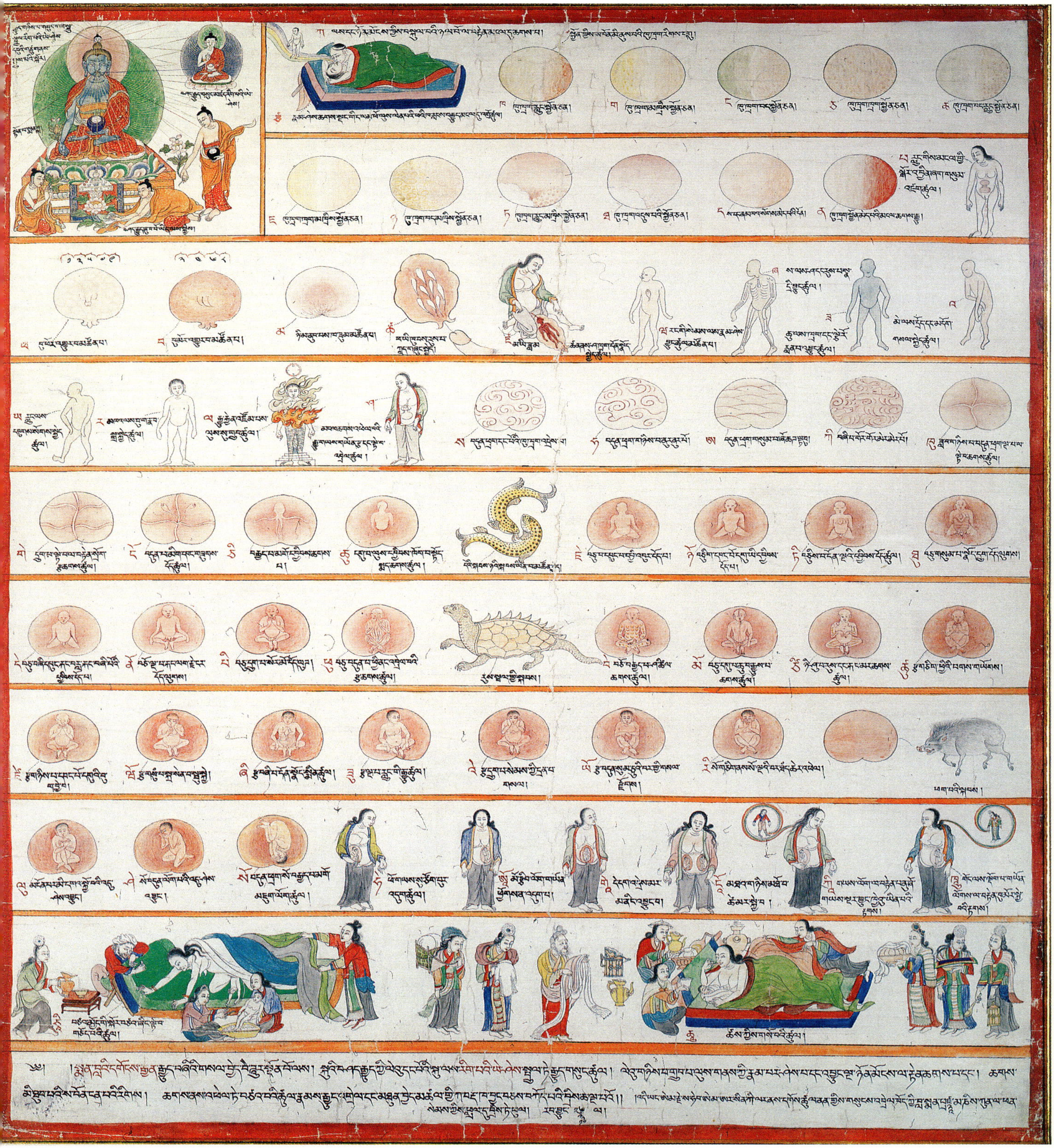

Document tibétain retraçant l'histoire de la naissance.

Bibliographie et références

L'éditeur ayant souhaité, pour des raisons de lisibilité et de présentation, ne pas surcharger le texte par des appels de notes, ces dernières se trouvent regroupées en fin de volume; la note étant le plus souvent précédée d'un mot-clef, entre parenthèses, afin de situer le passage.

Il me faut rendre d'abord un hommage tout particulier à quelques livres dont la consultation me fut d'une aide précieuse; les lecteurs qui voudront approfondir tel ou tel point s'y reporteront toujours avec profit.
Que leurs auteurs en soient ici chaleureusement remerciés :

Pierre Darmon, *le Mythe de la procréation à l'âge baroque*, Le Seuil, « Points Histoire », 1981.
Jacques Gélis, *l'Arbre et le Fruit; la Naissance dans l'Occident moderne (XVIe - XIXe siècle)*, Fayard, 1984.
Bernard This, *Naître... et sourire*, Flammarion, « Champs », 1983.

Pour les civilisations non européennes, un ouvrage édité en 1939 par les laboratoires Cortial, *l'Accouchement à travers les âges et les peuples*, de **H. de Lalung**, et les études, plus contemporaines, de **Nicole Belmont** doivent être cités.

Engendrer

p.17 (Descartes) *La Description du corps humain*, 1648, in *Œuvres de Descartes*, tome XI, publiées par Charles Adam et Paul Tannery (reprint), librairie philosophique J. Vrin, 1967, p.253.

p.18 (Harvey) cité par Pierre Darmon, *op. cit.*, p.48.

p.20 (Paré) *De la génération de l'homme* in *Œuvres complètes*, tome II,Slatkine Reprints, Genève, 1970, p.640-1. Toutes les citations ultérieures d'Ambroise Paré sont tirées de cet ouvrage; celle, page 108, est signalée par A. Netter et H. Rozenbaum, *Histoire illustrée de la contraception de l'Antiquité à nos jours*, Roger Dacosta, 1985, p.102.

p.25 (Sterne) traduction Charles Mauron, Garnier-Flammarion poche, p.28-9.

p.29 (Franco) cité par Christian Girod, *Histoire de la médecine, de la pharmarcie, de l'art dentaire et de l'art vétérinaire*, ouvrage collectif, Société française d'éditions professionnelles, médicales et scientifiques, tome V, chapitre « Histoire de l'embryologie », 1978, p.344.

p.33 (Johnson) Fac-similé in Netter et Rozenbaum, *op. cit.*, p.163.

p.33 (fumigation) Sur le sujet, notamment, consulter le remarquable ouvrage de Danielle Jacquart et Claude Thomasset, *Sexualité et savoir médical au Moyen Age*, P. U. F., « Les chemins de l'histoire », 1985.
Pour ce thème, p.66.

p.36 Voir Pierre Darmon, *op. cit.*, p.16-7 et 42.

p.37-8 Voir Esther Harding, *les Mystères de la femme*, Payot, « Petite Bibliothèque », chapitre II : « La lune, dispensatrice de fertilité ».

p.39 (Eliade) *Le Mythe de l'éternel retour*, Gallimard, « Folio essais », p.37.

p.42 (Eau, Charente) cité par Jacques Gélis, *op. cit.*, p.65.

p.45 (Cred) in Jocelyne Bonnet, *la Terre des femmes et ses magies*, Robert Laffont, « Les hommes et l'histoire », 1988, p.191.

p.46 (Bagandas) *ibid.*, p.93.

p.46 Mahend Betind Pierre Libère, *Rites et croyances relatifs à l'enfance chez les Banen du Cameroun*, Présence africaine, 1966.

p.47 Lettre d'Antonin Artaud au docteur Ferdière, 18 octobre 1943, *Nouveaux Écrits de Rodez*, Gallimard, «Blanche», p.71.

p.48 Voir SERPENT, *Dictionnaire des symboles*, Jean Chevalier et Alain Gheerbrant, Seghers, 1974.

p.54-6 Voir Marcel Griaule, *Dieu d'eau*, Le livre de poche, « Biblio essais », chapitres « La parole fécondante » et « Le sang des femmes ».

p.57-8 Voir Robert Graves, *les Mythes grecs*, Fayard, «Pluriel».

p.67 (Bossuet) cité par Jean-Paul Roux, *Jésus*, Fayard, 1989, p.99.

p.69 (Bourignon, Burdach) signalés par Pierre Darmon, *op. cit.*, p.54 et 90.

p. 69 (Roux) in André Blavier, *Les Fous littéraires*, Henri Veyrier, 1982, p.619-20.

p. 69 (Brisset) *Les Origines humaines*, réédition Baudoin, 1980, p.205.

p. 72 (Lucien de Samosate) cité par Jean Rostand, *Maternité et biologie*, Gallimard, « Idées », p.136-7. Ouvrage très précieux par ailleurs pour tout ce qui concerne les idées élaborées par les Anciens sur la conception et l'embryogenèse.

Attendre

p.77-8 (Venette) cité par de Lalung, *op. cit.*, p.27

p.83 (Isidore de Séville) cité par Sylvie Laurent, *Naître au Moyen Age; De la conception à la naissance : la grossesse et l'accouchement (XIIe-XVe siècle)*, Le Léopard d'or, 1989, p.88.

p.98 (Scévole de Sainte-Marthe) cité in *Entrer dans la vie; Naissances et enfances dans la France traditionnelle*, recueil de textes présenté par Jacques Gélis, Mireille Laget et Marie-France Morel, Gallimard, «Archives», 1978, p.65.

p.99 (Pierre Darmon) *op. cit.*, p.164.

p.100 (Montaigne) in *Essais*, livre I, chapitre XXI « De la force de l'imagination », 1580.

p.100 (Pierre Darmon) *op. cit.*, p.159.

p.103 (Malebranche) cité par de Lalung, *op. cit.*, p. 47.

p.106 (Liceti) cité par Jacques Royer, *les Sciences de la vie dans la pensée française du XVIIIe siècle*, Armand Colin, 2e édition, 1971, p.31 et 36.

p.111 (Pierre de La Palud) cité par Sylvie Laurent, *op. cit.*, p.139.

p.112 (Massaï et Bajau) Voir Nicole Belmont, article « Conception, grossesse et accouchement dans les sociétés non occidentales » in *Confrontations psychiatriques*, n° 16, 1978, p.285 à 301.

p.113 (Jumeaux) Voir article « La gémellité; ses coutumes et ses mythes », Dr. F. Leroy, *la Maternité dans les arts premiers*, catalogue d'exposition, F.R.E.S.E.R.H., Bruxelles, 1977, p.16 à 19.

p.117 (Pascuans) in Alfred Métraux, *l'Ile de Pâques*, Gallimard, «Idées», p. 163.

p.117-9 (Jeanine Auboyer) article « Les rites de la grossesse et de la naissance dans l'Inde ancienne », in *la Vie médicale*, n° spécial décembre 1965, p. 117 à 121.

p.121 (de Lalung) *op. cit.*, p.105.

p.122-5 (Pierre Clastres) in *Chronique des indiens Guayaki*, Plon, « Terre Humaine », 1972, p.183.

p.125-6 (Claude Lévi-Strauss) in *la Pensée sauvage*, Plon, 1962, p.82-3.

p.126-7 (Nicole Belmont) article cité.

p.127 (Wayapi) Voir « La maternité chez les Wayapi du haut Oyapoc », d'après Françoise Grenand, in *l'Art de naître*, Alexandre Minkowski, Odile Jacob, 1987, p.181.

p.128 (Mauquest de la Motte) in *Accoucheur de campagne sous le Roi-Soleil; le Traité des accouchements de G. Mauquest de la Motte*, présentation de Jacques Gélis, Imago, 1989, p.80.

p.131 (Mauquest de la Motte) *ibid.*, p.89.

Mettre au monde

p.140 (Jacques Gélis) *op. cit.*, p.172.

p.150 (Sainte Marguerite) Voir Sylvie Laurent, *op. cit.*, p.194.

p.152 (Pierre d'aigle) *ibid.*, p.192.

p.152 (Jacques Gélis) *op. cit.*, p.226.

p.156 (Bernard This) *op. cit.*, p.84.

p.157 (de Lalung) *op. cit.*, p.66.

p.158-9 (Pline) cité par Nicole Belmont, *les Signes de la naissance*, Plon, « Recherches en sciences humaines », 1971, p.135. Voir chapitre IV « Les enfants nés par les pieds », p.129 à 160.

p.160-1 (Nicole Belmont) article cité, notamment p.295.

p.163-4 (Celse) cité par Guiseppe Penso, *La Médecine romaine; l'Art d'Esculape dans la Rome antique*, Roger Dacosta, 1984, p.372.

p.169 (Rousset) cité par André Pecker, *Histoire de la médecine, de la pharmacie, de l'art dentaire et de l'art vétérinaire, éd. cit.*, tome III, chapitre « La gynécologie et l'obstétrique de l'Antiquité au début du XVIIIe siècle », p.255.

p.174 (Jacques Gélis) *op. cit.*, voir chapitre « Les positions », p.200 à 214.

p. 174-6 (Mauquest de la Motte) *op. cit.*, p. 92.

p.181-2 (Couvade) Voir Bernard This, *op. cit.*, p.260-1.

p.182-3 (Gémellité) Voir Dr. F. Leroy, article cité.

p.183-4 (Madame de Campan) citée in *Entrer dans la vie, éd. cit.*, p.77.

p.185 (Délivrance) Voir article « Racines verbales, racines obstétricales du placenta », Bernard This, in *Délivrances ou le placenta dévoilé*, ouvrage collectif, Stock, « Les cahiers du nouveau-né », 1989, p.205 à 237.

p.186 (Odile Journet) Voir article « Placenta et culture » in *Fantasmes et masques de grossesse*, ouvrage collectif, Presses universitaires de Lyon, 1986, p.124 à 129.

Autres ouvrages consultés, non cités dans les notes :

- Charles Coury, *la Médecine de l'Amérique précolombienne*, Roger Dacosta, 1982.
- Havelock Ellis, *l'État psychique pendant la grossesse; études de psychologie sexuelle*, Mercure de France, 1927.
- Jean de Grouchy, *Jumeaux, mosaïques, chimères et autres aléas de la fécondation humaine*, Médecine et Sciences internationales, 1980.
- François Jacob, *la Logique du vivant*, Gallimard, « Bibliothèque des sciences humaines », 1970.
- Ange-Pierre Leca, *la Médecine égyptienne au temps des pharaons*, Roger Dacosta, 1983.
- Marina Warner, *Seule entre toutes les femmes; mythe et culte de la Vierge Marie*, Rivage, «Histoire», 1989.
- Numéro 21 de la revue *Corps écrit*, «Naître», P.U.F., avril 1987.
- Pour la tradition juive et le *Talmud*, les études d'Isidore Simon; pour la tradition islamique et le Maghreb, celles de J. Mathieu et R. Maneville.
- Article « La logique du déviant (Isidore Geoffroy Saint-Hilaire et la classification des monstres) », Patrick Tort, in *Revue des sciences humaines*, n° 188, « Le monstre », Université de Lille III, oct.-déc. 1982, p.7 à 32.

Crédits Photos

ARTEPHOT : Couverture (Collection privée / cliché Lavaud), 63 (Rome / cliché Nimatallah), 70-71 (cliché Trela).
BIBLIOTHEQUE DE LA FACULTÉ DE MÉDECINE DE PARIS : 82, 85 d, 132, 133, 154, 161 h.
BIBLIOTHEQUE MUNICIPALE DE BESANÇON : 120, 130.
BIBLIOTHEQUE NATIONALE (BN) : 19, 78, 84, 85 g, 89, 95, 107, 108, 113, 118, 139, 143, 144, 148, 150, 151, 155, 156, 161 b, 166, 181, 186, 4ème de couverture (milieu et bas) .
BULLOZ : 17 (Collection privée), 31 (Bibliothèque des arts décoratifs), 34 et 35 (Musée Gustave Moreau), 37 (BN), 39 (Musée du Caire), 47 (Munich), 49 (BN), 50-51 (Florence), 61 (Musée du Luxembourg), 62 (Musée Jacquemart André), 65 (Pérouse), 73 (cliché Ciccione).
CMT / ASSISTANCE PUBLIQUE : 131,145, 157, 160, 163, 164, 180, 184.
Collection JEAN-LOUP CHARMET : 74 (BN / Estampes), 77 (Musée des arts, Philadelphie), 79 (BN / Estampes), 80 (Bibliothèque des arts décoratifs), 83 (Fondation G.Cini, Venise), 93 h (Collection Dr Pierre Simon), 94 (BN), 97 (Ordre national des pharmaciens, collection Bouvet), 98 (Bibliothèque de l'ancienne faculté de médecine, Paris), 102 (Ordre national des pharmaciens, collection Bouvet), 168 (Ordre national des pharmaciens, collection Bouvet).
Collection ROGER VIOLLET : 14 (Maison du centenaire, Pompeï), 16, 45, 52 b, 129.
Collections particulières : 93 b, 123 (cliché Speltdoorn), 124, 127, 137, 173, 174, 175, 176, 177 (cliché Daubersy), 187.
EXPLORER Archives : 43 (Musée de l'Homme), 56, 92 (Collection Rockefeller / cliché Jean-Pierre Courau), 111 (Musée d'Abidjan / cliché Jean-Louis Nou), 172 et 182 (Bibliothèque de Genève).
EXPLORER Archives / JEAN-LOUP CHARMET : 21, 23, 24, 25, 28, 36 (Musée Carnavalet), 52 h (BN / Estampes), 53 (Collection particulière), 67 (Bibliothèque des arts décoratifs), 86, 170 (BN).
GIRAUDON : 91 (Musée Guimet), 105 (BN), 114 (BN), 134, 159 (Bibliothèque de l'Arsenal), 171 (Musée Condé, Chantilly), 179 (Musée du Louvre).
Alinari / Giraudon : 101(Gallerie des Offices, Florence).
Bridgeman / Giraudon : 10 (Collection particulière), 110 (National Gallery, Londres).
CFL / Giraudon : 40 (Musée du Louvre).
Lauros / Giraudon : 66 (Musée municipal, Douai)
Hélène et Philippe Leloup : 55.
Photothèque du musée de l'Homme : 29, 41 (dépôt J.Millot), 136, 153
RMN : 13 (G.Blot), 27 (Musée du Louvre), 42 (Musée des Arts Africains et Océaniens), 58 (Musée du Louvre), 59 (Musée Guimet), 140 (Musée des Arts et Africains et Océaniens), 142 (Musée d'Orsay), 4ème de Couverture (haut).
RMN / Musée des Arts et Traditions Populaires : 115, 116, 117, 121.

Les lettrines de cet ouvrage sont extraites de l'Alphabet de Joseph Balthazard Silvestre (octobre 1834) publié par Robert Massin dans son ouvrage *La Lettre et l'image : la figuration dans l'alphabet latin du VIIIe siècle à nos jours* (Gallimard, 1970).

Conception graphique : Isabelle Gueillet.
PAO : Christian Taillemite/What's Up Doc
Lecteurs-correcteurs : Dominique Froelich, Véronique Duthille.
Cadrage : Billy Baudry.
Iconographie : Véronique Szulc.
Photogravure : Fotimprim.

ACHEVÉ D'IMPRIMER SUR LES PRESSES DE L'IMPRIMERIE FOURNIER À MONTROUGE EN SEPTEMBRE 1990.